원덕길 장로의
오지
선교 이야기

왜 이제야 오셨나요?

원덕길 (現 안양노회 노회장)

- 시무교회 : 대한예수교 장로회 안양제일교회
- 임직일자 : 장로임직(2000년 12월 10일) 안양제일교회
- 학력 : 강남대학교 사회복지학과 졸업
  장로회 신학대학교 평신도 교육대학원 12기
- 연합회 경력 : 안양노회 아동부연합회 회장 (7대, 8대)
- 사회경력 : 주) 원삼주유소 대표
- 군필관계 : (병장) 해병만기 제대

왜 이제야 오셨나요?

·**초판 1쇄 발행** 2021년 10월 28일

·**지은이** 원덕길
·**펴낸이** 민상기
·**편집장** 이숙희
·**펴낸곳** 도서출판 드림북
·**인쇄소** 예림인쇄 **제책** 예림바운딩
·**총판** 하늘유통(031-947-7777)

·**등록번호** 제 65 호 **등록일자** 2002. 11. 25.
·경기도 양주시 광적면 부흥로 847, 양주테크노시티 422호
·Tel (031)829-7722, Fax(031)829-7723

원덕길 장로의
오지
선교 이야기

왜 이제야 오셨나요?

글·사진 원 덕 길

드림북

prologue

"하나님! 건강이 허락하는 한 '시간의 십일조'를 선교지에서 보내겠습니다."

장로였지만, 선교에 무지했던 내가 선교지에서 하나님께 선교에 헌신하기로 결단하며 약속한 기도였다. 선교에 대해서 아무 것도 몰랐던 나는 단지 청년부장이라는 명목 하에 청년부 단기선교를 따라 나섰다가 선교지에서 역사하시는 하나님을 경험하고 선교 사역에 푹 빠졌다. 그때 내 나이가 53세였다. 선교를 시작하기에 늦은 나이였지만, 그때부터 지금까지 18년 동안 선교지를 76회나 방문했고, 자비로 교회도 5개를 세웠다. 선교를 위해 집을 나선 기간도 1,000일이 넘는다. 하나님께 약속했던 '시간의 십일조'를 선교지에서 보내고 있다. 선교에 특별한 관심도, 사명도 없었던 내가 이렇게 선교에 열정을 쏟은 것은 모두 하나님의 인도하심과 은혜였다.

하나님께서는 작년(2020년) 1월 이후에 코로나로 선교지에 가지 못하는 나를 위로하고 격려하시면서 그동안 선교 사역을 정리할 수 있도록 귀한 상을 주셨다. 2020년 9월 24일, 한국교회백주년기념관에서 열린 총회 세계선교부 부서회의에서 해외 선교사 지원에 힘쓴 공로로 총회장 명의의 선교 공로상을 받았다. 평신도가 선교공로상을 받은 것은 내가 유일하다고 하니 나에게는 큰 영광이었고 기쁨이었다. 이 상은 사역 현장에 함께한 아내 신부용 권사의 헌신 때문에 받은 것이었다. 해외 단기선교 76회 중 아내는 약 30여회를 나와 함께 했다. 나는 앞에 나서 행동했을 뿐 선교 현장의 힘들고 어려운 일들을 뒤에서 묵묵히 힘쓴 아내가 있었기 때문에 가능한 것이었다.

매년 단기선교 사역이 결정되면, 청년들과 함께 출국하기 3개월 전부터 사전 훈련을 했다. 선교지에 가기 전 함께 기도하고, 선교지에 대한 충분한 공부와 사역에 대한 공부를 철저히 했다. 선교 현장은 언제나 사탄의 유혹과 시험이 넘쳐났고, 자칫 시험에 들기도 하기 때문에 단단한 무장을 하지 않고서는 사역을 이끌어갈 수 없었다. 청년들이 힘들어 해도 훈련의 강도를 높였다. 그래서일까, 선교 현장에 나와 함께했던 청년들 중에 신학을 공부하고 목사 안수를 받거나 선교사가 된 이들이 많다.

나이가 들면서 군대에서 훈련 중에 다친 양쪽 무릎의 관절이 좋지 않았지만, 선교 사역을 멈출 수 없었다. 하지만 해가 거듭할수록 내 무릎이 감당하지 못했고, 결국 2015년 1월에 오른쪽 무릎에 인공관절 수술을 했다. 한 달 후인 2월에는 왼쪽 무릎까지 인공관절 수술을 했다. 52일

동안 병상에서 회복한 후 다시 힘을 얻고 선교 사역에 뛰어들었다. 수많은 선교지에서 선교 사역에 힘쓰고 있는 선교사들의 헌신과 섬김을 보면서 선교에 열심을 더할 수밖에 없었다. 그리고 아버지가 하나님의 품으로 떠나신 후 69세에 중국 선교에 헌신하신 어머니의 영향이 컸다. 어머니의 건강이 걱정된 자식들이 한사코 말렸지만, 어머니는 '거기서 죽으면 순교'라며 중국 선교를 멈추지 않으셨다. 그렇게 어머니는 10년 동안 중국선교를 하셨다. 어머니는 고령과 치매로 자식들도 가끔 알아보지 못하시지만, 자식들이나 손주들에게 축복기도를 해주신다.

선교 현장마다 하나님께서는 나의 연약한 믿음을 연단하시고, 하나님께서 살아 계시다는 것을 직접 보여주셨다. 수없이 회개의 눈물을 쏟아내고도 하나님을 의심하고 불평했다. 그럼에도 하나님께서는 선교팀의 모든 여정과 사역을 이끌어주시고, 하나님께서 원하시는 곳에서 적절한 때에 놀라운 하나님의 기적을 일으켜주셨다.

"사람이 마음으로 자기의 길을 계획할지라도 그의 걸음을 인도하시는 이는 여호와이시니라"(잠 16:9).

매 순간 잠언의 말씀처럼 우리의 걸음을 인도하시는 하나님을 의지하며 찬양과 기도로 나아가도록 훈련하셨다.

네팔 쏠라방 지역에서 저녁집회를 마치고 40대 중반의 한 여인의 말이 아직도 내 귓가에 울린다. 그녀는 우리에게 화를 냈다.

"왜 당신이 섬기는 그 좋으신 하나님을 이제 와서 전한 거냐?"
"예수 믿으면 복 받는다는 이야기를 왜 이제야 해준 거냐?"
"왜 이제야 온 거냐?"

그녀의 말에 나는 큰 충격을 받았다. 내가 힘들어도 오지를 찾아 가는 것이 주님의 명령이라는 생각이 들었다. 우리가 복음을 전하지 않으면 어떤 사람들은 태어나서 한 번도 '예수님' 소리조차 듣지 못하고 죽게 되는데 그 책임이 누구에게 있을까? 세계 곳곳에 복음을 전하는 사역을 안양제일교회 선교팀이 해야 한다고 마음을 굳게 먹고 지금까지 오지 선교를 하고 있다. 그렇게 18년의 세월이 흘렀다.

2021년은 나에게 큰 의미가 있는 해이다. 2000년 장로로 장립하고 21년이 되는 올해, 은퇴를 한다. 코로나19 때문에 작년 1월 네팔 선교를 다녀온 이후에 선교지를 가지 못했던 나는 지난 시간을 돌아보며 하나님께서 베풀어주신 선교의 은혜를 생각했다.

몇 해 전부터 몇몇 선교사님들이 이런 이야기를 했다.

"장로님! 은퇴가 얼마 남지 않으셨는데, 선교 현장에서 경험담과 노하우를 글로 쓰면 좋겠어요."

나의 선교 사역이 선교사님들에게 얼마나 도움이 됐는지 모르겠지만, 선교지를 가는 곳마다 선교사님들이 말씀하셨다. 안양제일교회 최원준 담임목사님도 은퇴하시면서 그동안 선교하신 것을 정리하신다고 생각하시고 책을 출간하면 좋겠다고 말씀하셨다. 주위에 여러 분들의 조언을 듣고 청년들에게 '칠순 때 다 초대해서 식사하면서 선교지 사진전을 하거나 책을 내겠다.'라고 약속한 것이 생각났다. 그동안 나의 선교 사역을 보고하자는 큰마음을 먹고 처음 선교지에 간 그날부터 지금까지 이 책에 풀어보려고 한다.

교회는 선교를 위해 존재한다. 선교는 우리의 지상 명령이기 때문에 이 땅의 교회의 목적이며, 우리가 지켜야 할 의무이다. 하나님께서 말씀을 통해 이렇게 말씀하신다.

"그러므로 너희는 가서 모든 민족을 제자 삼아 아버지와 아들과 성령의 이름으로 세례를 베풀고 내가 너희에게 분부한 모든 것을 지키게 하라"(마 28:19~20).

교회는 유람선이 아니라 구조선이다. 유람선과 구조선의 차이는 그 이름에만 있지 않다. 유람선에 탑승한 사람들은 관람객이다. 이들은 단지 풍경을 즐기고 목적지까지 편하게 가면 된다. 그러나 구조선에 탑승한 사람들은 구조원이다. 구조원은 자신의 안위를 생각하지 않고 위기에 처한 사람들의 생명을 생각한다. 선교에 동참하는 우리 모두는 구조원의 마음을 가져야 한다. 그때 비로소 생명을 구원하는 구조선에 탑승한 진정한 구조원이라 당당하게 말할 수 있다.

선교는 단순히 재정적 후원만 하는 것이 아니라 전인격적 동참과 헌신, 그리고 기도가 함께해야 한다. 이것은 선교팀원으로서 꼭 지켜야 할 자세다. 항상 선교적 생각으로 지향하는 마음의 자세가 필요하다.

이 책은 나의 간증이자 선교보고다. 책을 통해 장로의 직분을 받고 이렇게 선교를 했었다는 것을 알리고 싶다. 세계의 모든 땅이 복음화가 되는 그날까지 선교는 끊임없이 이어져야 한다. 이 책을 접한 많은 분들이 선교에 도전을 받고 복음이 전해지지 않은 세계 곳곳에, 그리고 땅 끝까지 복음이 심겨지길 소망한다. 또한 선교사로 헌신한 분들이 이 책을 읽고 선교 현장에 대해 조금이나마 도움이 됐으면 하는 마음이 간절하다.

이 책은 나의 자랑이 아니다. 나의 기도이고, 감사이며, 눈물이다. 이 책을 통해 한 사람이라도 구조선의 탑승한 구조원으로 변화되길 바라는 마음을 담아본다.

이 책이 출간되기까지 많은 도움의 손길을 주신 분들이 있다. 나의 든든한 지원군인 가족, 아내 신부용 권사와 딸 원지혜, 그리고 아들 원호원에게 고마움을 전한다. 안양제일교회 최원준 담임목사님, 양성교회 장학규 목사님, 말레이시아 채법관 선교사님, 네팔 이원일 선교사님, 우간다

김종우 선교사님, 진도 주안교회 한웅섭 목사님께도 감사의 인사를 전하고 싶다. 마지막으로 2004년 네팔에서 선교에 눈을 뜨게 하시고, 선교의 기쁨을 느낄 수 있도록 인도하신 하나님께 감사와 영광을 올려드린다.

2021년 뜨거운 여름 6월 어느 날
안양제일교회 장로 원덕길

목 차

1부

나의 인생 이야기

성실하신 부모님

나는 아버지 원장준 안수집사와 어머니 유옥련 권사의 6남 1녀 중 둘째로 태어났다. 아버지는 현재 군포시인 화성군 속달면이 고향이시고, 어머니의 고향은 강원도다.

"응애~"

1952년 4월 13일(음력 3월 19일) 주일, 나는 이 세상에 첫 울음을 터뜨린 후 70년 동안 하나님의 은혜로 나그네의 삶을 보내고 있다. 내가 태어난 곳은 안양시 안양동 536번지이다. 일제강점기인 1930년대부터 안양은 조선작물, 조선견직, 금성방직 공장이 입지하면서 철도교통과 섬유산업의 중심지였다. 한국전쟁이 일어나기 전까지 인구가 2만여 명으로 증가했고, 1949년에 안양면에서 안양읍으로 승격했다. 한국전쟁으로 공장의 피해가 컸지만, 방직과 제지공장이 설립되면서 예전처럼 지역경제가 살아났다. 부모님은 농사를 지어 농작물과 장작을 군포에 내다 파셨는데, 자녀들 교육문제와 생활고로 안양에서 슈퍼를 운영하시게 되었다. 덕분에 어린 시절에 부유하지는 않았지만, 경제적인 어려움 없이 학창시절을 보낼 수 있었다.

부모님은 일제강점기를 보내시고 한국전쟁을 겪으셨던 여느 부모님처럼 배움이 깊지 못했다. 하지만 부지런하고 성실하게 일하셨고, 7남매 모두 배곯지 않고 지낼 수 있었다. 당시 끼니를 거르지 않고 지내는 것이 얼마나 큰 복인지 지금 세대들은 모르겠지만, 우리나라도 1960년대까지만 하더라도 많은 이들이 극심한 굶주림 속에 보릿고개를 겪으며 살아야 했다. 열심히 일하지 않으면 안 된 시대였지만, 부모님의 성실함을 보고 자란 우리는 지금까지 각자의 자리에서 모든 일에 성실하고 최선을 다하는 삶을 살고 있다.

어머니는 토속신앙을 믿었던 분이셨다. 고사를 지내고 굿을 했다. 어떤 일을 하든지 점을 보고 의사결정을 하셨다. 확고한 자신의 신앙 때문에 가족 중에서 하나님을 가장 늦게 믿으셨지만, 그 누구보다 헌신적으로 신앙생활을 하셨다. 나는 두 살 무렵 옆집 누나의 등에 업혀서 교회에 출석하기 시작했다. 그때 간 교회가 안양제일교회다. 안양제일교회는 1930년에 창립했고, 한국전쟁 당시 교회가 전소되어 1952년에 안양에 있는 한 가정집을 매입하여 그곳에서 예배를 드리기 시작했다. 당시 교인이

50여 명 정도였다. 올해로 69년째 안양제일교회에서 신앙생활을 하고 있다. 그 이후 우리 형제들이 교회에 다녔고, 외삼촌은 어머니에게 자주 오셔서 하나님을 전하고 함께 교회에 가자고 했다.

"동생, 나랑 같이 교회에 가자."

하지만 어머니는 외삼촌의 말에 귓등으로 흘리셨다.

"계속 교회에 가자고 할 거면, 우리 집에 오지 마세요!"

외삼촌의 끈질긴 전도에 어머니는 외삼촌이 우리 집에 오는 것조차 허락하지 않으셨다. 복음을 철저하게 거절하셨다. 하지만 외삼촌이 구박을 받으면서도 계속 복음을 전하셨다. 어린 우리 형제들도 어머니와 아버지를 위해 기도했다.

"하나님! 우리 부모님이 하나님을 믿고 구원받을 수 있게 도와주세요!"
"부모님이 교회에 나올 수 있도록 도와주세요!"

하나님께서는 어머니의 마음을 움직이셨고, 내가 12살이 되던 해 부모님이 안양제일교회에 출석하기 시작했다. 온 가족이 하나님을 믿는 것은 하나님의 은혜였다.

어머니는 하나님을 믿고 예수님을 영접하면서 성경을 읽어야 한다며 스물아홉 늦은 나이에 열심히 한글을 배우셨다. 모든 일에 열심이셨던 성격 탓에 하나님을 믿기로 결심하고 신앙생활을 철두철미하게 하셨다. 한글을 배우신 것도 하나님의 말씀을 읽어야 한다는 확고한 믿음 때문이었다. 7남매가 행여 주일예배를 드리지 않거나 지각을 했을 때, 또 헌금을 제대로 하지 않았을 때 어머니가 아신 날은 정말 무섭도록 매를 맞았다. 모든 일에 부지런함과 성실이 몸에 밴 분들이셨기 때문에 당연한 일이었는지 모르지만, 어머니는 당신이 할 수 있는 한 모든 것으로 교회를 섬기셨다.

나중 된 자가 먼저 된다고 했던가. 어머니의 섬김은 우리 가족들이 따라할 수 없을 정도로 헌신적이셨다. 직원이 따로 없었기 때문에 슈퍼를 운영하기에 눈코 뜰 사이 없이 바쁘셨다. 어머니는 임신했을 때도 동생들을 엎고 장사를 하시면서 신앙생활을 게을리 하지 않으셨다. 성경책을 손에서 놓지 않으셨고, 매년 성가대원과 주일학교 교사 수십 명을 집에 초대하여 식사를 대접하셨다. 또 목회자를 귀하게 여기셔서 늘 집으로 초대하여 식사를 대접했다.

"덕길아, 교회를 섬기는 목회자를 대접하는 일은 정말 소중하고 귀한 일이야!"

어머니가 나에게 목회자를 잘 섬겨야 한다면서 항상 하신 말씀이다. 어머니는 신앙인의 삶을 우리에게 보이시고, 자녀들에게 신앙생활에 충실하도록 엄하게 대하셨다. 자녀들이 결혼한 후에도 매일 성경을 읽으시면서 본인과 가족들의 믿음을 위해서 기도하셨다. 그러던 중 아버지가 뇌졸중으로 쓰러지시고 10년을 투병하시다가 1995년 4월 26일에 하나님의 품으로 떠나셨다.

아버지는 1921년에 태어나셨다. 아버지가 태어나시고 7개월이 지났을 때, 할아버지는 세 아들을 남기시고 돌아가셨다. 당시에 집에 아버지가 없다는 것은 그만큼 생계가 힘들다는 것이다. 아버지는 일곱 살이 되던 해부터 큰 아버지 밑에서 지게질을 하며 생계를 도왔다. 일제 강점기에는 강제징용이 되어 일본에도 다녀오셨다. 슈퍼를 운영할 때는 매일 새벽 4시에 일어나서서 가게 일을 시작했다. 늘 성실하시고 성격이 온순하셔서 많은 사람들이 아버지를 따랐다. 어머니의 권유로 함께 교회를 다니기 시작하셨고, 아버지의 성품대로 성실하게 주일성수하고 안수집사로 천국에 가셨다. 아버지가 늘 우리에게 하셨던 말씀이 생각난다.

"늘 성실해라. 그리고 남에게 피해주지 말아라."

어머니의 사명, 중국 선교

아버지가 하나님의 품으로 돌아가신 후 어머니는 자식들에게 폭탄선언을 하셨다.

"나는 이제부터 선교한다."

자식들은 갑작스러운 어머니의 말씀에 당황하며 연로하신데 '무슨 선교냐'며 말렸다. 하지만 어머니는 확고하셨고, 1997년에 중국 선교를 시작하셨다. 어머니는 어린 시절에 이북에 살다가 한국전쟁 때 중국 만주로 피난을 가서 7년 정도 지내셨기 때문에 중국어에 능통하셨다. 어머니는 이런 이유 때문인지 중국을 선교지로 품고 계셨다. 매년 비자를 받으시고, 비자 만기기한인 3개월을 꽉 채우시며 지린성(吉林省. 길림성)과 헤이룽장성(黑龍江省. 흑룡강성)을 방문하셨다. 곳곳을 다니시면서 중국어로 전도하시고 자비량으로 8군데 가정교회를 세우셨다.

중국에서 포교활동이 금지되어 있었지만, 어머니는 아랑곳하지 않고 말씀을 전하셨다. 전도를 하다가 중국 공안들에게 잡혀 소지하고 있던 성경책을 빼앗기고 위험한 상황들이 있었지만, 당시 어머니가 70세의 연로한 할머니였기 때문에 체포하지 않고 풀어주었다. 중국은 엄격하게 종교 활동이 금지되어 있어서 외국인이 성경을 들고 입국하면 그 사람을 철저히 감시한다. 또 혹여 포교활동을 하다가 적발이 되면 감옥에 수감되는 경우가 허다하다. 이런 일들 때문에 어머니가 중국에서 선교하는 것을 그다지 좋게 생각하지 않았던 나에게 어머니는 이렇게 말씀하셨다.

"하나님이 함께하시니 괜찮아. 나는 워낙 고령이라서 공안들이 감시도 잘 안 해. 다른 사람들이 전도하는 것보다 내가 전도하는 건 어려움이 없어."

어머니가 수년 동안 중국 선교를 하신 후에 나와 아내가 어머니를 모시고 중국에 간 적이 있다. 어머니를 모시고 갔다고 했지만, 어머니가 세우신 중국의 가정교회를 방문한 것이었다. 어머니의 말씀만 듣다가 직접 어머니의 사역현장을 눈으로 보고 어머니의 헌신과 하나님의 역사를 느꼈다. 하지만 고령에 건강도 좋지 않으신 상태에서 중국 선교를 계속 하신다는 것은 너무나 위험했다. 어머니는 원인을 알 수 없는 심각한 빈혈이 있으셨다. 그래서 매 번 중국 선교를 가시기 전에 수혈을 4팩이나 하셔야만 했다. 건강이 그렇게 좋지 않으면서도 중국 선교를 포기하지 않으셨다. 자식들이 너무 위험해서 그만하시라고 한사코 말렸지만 소용이 없으셨다.

"선교하다가 죽으면 순교야. 순교하면, 가문의 영광인데 왜 그만둬."

죽을 때까지 멈출 수 없다는 어머니의 확고한 말씀에 자식들은 더 이상 말릴 수가 없었다.

어머니는 사람들이 있는 곳이면 어디든지 찾아가서 전도하셨다. 사람들을 모아 인근 교회 목사님을 초대하여 세례를 받을 수 있도록 하셨다. 어머니가 전도하신 분 중에 여성 사역자도 있는데, 지금까지도 어머니가 세우신 가정교회들을 섬기고 있다. 이런 어머니의 기도와 신앙이 자녀들에게 이어진 것은 당연한 결과가 아닌가 싶다.

우리 형제 6남 1녀는 모두 운동을 좋아하고 활발했다. 동네에서 우애가 좋다고 소문이 날 정도로 시끌벅적하게 자랐다. 신앙생활도 모두 열심히 했다. 지금(2021년 현재) 첫째 형님은 사업을 하고 계시고, 몇 해 전에 안양제일교회에서 장로로 은퇴를 했다. 셋째와 다섯째는 미국에서 사업을 하고 있고, 넷째는 뺑소니 교통사고로 서른일곱 젊은 나이에 하나님 곁으로 떠났다. 여섯째는 사업을 하며 안산동산교회 권사로 섬기고 있고, 막내는 관광업을 하고 집사로 신앙생활하고 있다. 아들 둘은 장로로, 한 명은 안수집사, 딸은 권사로 임직을 받아 부모님의 신앙을 이어가고 있다. 손주들도 모두 예수님을 구주로 영접하고 하나님을 믿고 있다.

올해 96세이신 어머니는 고령이시고 치매 때문에 병원에서 지내신다. 가끔씩 자식들도 알아보지 못하시지만 자식이나 손주들이 병문안을 가면 축복기도로 해주시고 즐겨 부르시는 찬송가 301장을 잊지 않으시고 부르신다.

지금까지 지내온 것 주의 크신 은혜라
한이 없는 주의 사랑 어찌 이루 말하랴
지나깨나 주의 손이 항상 살펴주시고
모든 일을 주 안에서 형통하게 하시네

나의 어린 시절

원덕길(元德吉).

으뜸 원(元), 큰 덕(德), 길할 길(吉).

'크게 흥해라'라는 뜻으로 동네 훈장님이 지어주셨다.

나는 두 살부터 다닌 안양제일교회에서 69년 동안 섬기고 있다. 2000년 12월 10일에 장로로 장립되어 올해 2021년은 장로 장립 20주년이 되는 해이기도 하고 장로 은퇴를 하는 해이기도 하다. 평생을 한 교회에서 신앙생활을 하고, 장로로 섬기고 은퇴를 한다는 것은 하나님의 한없는 은혜다. 나에게 안양제일교회는 인생의 모든 것이라고 할 수 있다.

안양초등학교 시절, 전국에 많지 않았던 축구부가 있었다. 평상시에 운동을 좋아했던 나는 또래 친구들보다 신체적 조건이 좋았다. 초등학교 4학년 때 축구부 감독 선생님이 나를 부르셨다.

"덕길아! 넌 다른 애들보다 몸이 좋다. 축구 한번 해볼래?"

감독 선생님의 이 한 마디에 초등학교 4학년 때 축구부에 들어가 선수 생활을 시작했다. 선수생활은 나름대로 재미있었고, 실력도 있어서 중학 교도 축구 특기생으로 진학했다. 하지만, 중학교 1학년이 되던 해 부모 님이 슈퍼를 정리하고 충청남도 천원군 성환면(현 천안시)으로 이사를 했 고, 어머니의 반대로 축구선수의 꿈을 접을 수밖에 없었다. 부모님은 공 부하기를 원하셨지만, 워낙 운동을 좋아했던 나는 운동선수가 하고 싶 어서 부모님의 반대를 무릅쓰고 태권도 선수로 전향하고 학창시절을 보 냈다. 전국체전에서 태권도로 입상도 하고, 선인종합고등학교를 졸업 (1971년)하고 두 달 후에 대통령기 배 태권도에서 장려상을 수상하기도 했 다. 태권도 공인 4단이다.

1972년에 해병대에 지원 입대했고, 태권도 특기병으로 특수부대(MIU, Marine Intelligence Unit)에 차출되었다. 일명 마니산 까치부대로 강화도에서 훈련을 받았다. 우리의 주된 임무는 특수임무수행자로, 북파공작원으로 당시 북한의 주석궁에 침투하여 요인암살 및 납치 또는 북한 특수 8군단 정예부대 지휘부를 와해시키는 등의 임무였다. 영화〈실미도〉에 나왔던 부대와 동일한 훈련을 받고 북한에 침투하는 부대였다. 다른 점이 있다 면, 실미도 부대는 공군소속이었고, MIU는 해병대 소속이었다.

군대를 제대할 무렵 상사로부터 직업 군인으로 전향하라는 권유가 있었다. 하지만 고된 훈련이 지겨웠고, 훈련 중에 무릎연골이 파열되고 우측 귀의 청력을 잃기도 했기 때문에 그 권유를 뿌리치고 도망치듯 34개월의 군복무를 마치고 1975년 4월 15일 제대했다.

제대 후 태권도 선배였던 안양 3동에 위치한 안양중부체육관 관장님의 권유로 태권도 사범으로 태권도장에서 아이들을 가르치기 시작했다. 관원이 100여 명 정도 됐는데, 일반부와 중고등부 선수부를 주로 가르쳤다. 무릎연골을 다치기는 했어도 가르치는 데에는 그리 어렵지 않았다. 하지만, 이 일도 오래 하지 못했다. 3년 정도 지났을 때 아버지의 사업이 흔들리고 부도로 가세가 급격히 기울었다. 갑작스러운 부도 때문에 부모님은 지방으로 몸을 숨기셨고, 내가 다섯 명의 동생들을 돌보아야 했다. 태권도 사범으로는 가족들 끼니가 해결되지 않았기에 태권도장을 나와 취직하는 수밖에 없었다. 취직한 곳은 ㈜삼립식품 공무부였다. 내 업무는 공장에 들어간 설비시설을 관리하는 업무였다. 그곳에서 4년 7개월 동안 일을 했다.

24살이었던 나는 태어나서 처음 경제적인 어려움을 겪었다. 난생 처음 인생의 고달픔을 느끼며 정말 힘든 시간을 보냈다. 군 생활의 어려움과 전혀 다른 것이었다. 시련 앞에 나의 신앙은 와르르 무너졌다. 시련을 견디기 위해서 하나님 앞에 더 나아가고 의지했어야 했지만, 당시 나의 신앙은 그리 깊지 못했다. 아무런 어려움 없이 남들보다 조금 부유하게 생활했던 나에게 교회는 그냥 휴식 공간과 같은 곳이었다. 나에게 어려움이 찾아오니 하나님보다는 당장 눈앞에 있는 것들을 찾기 시작했다. 교인들보다는 세상 사람들과 함께하는 것이 좋았고, 술과 담배에 찌들었다. 당시 세상은 허탈한 나의 마음을 채워주는 것 같았다. 술에 취하며 사람들과 싸우고 세상을 한탄했다. 왜 이런 일이 나에게 일어난 것이냐고 하나님을 원망하며 소리 질렀다.

"하나님! 그 누구보다 철저하게 신앙생활을 했는데, 어머니가 그토록 하나님을 믿고 교회를 섬겼는데, 왜! 우리 가족의 인생을 이렇게 비참하게 만들 수 있어요?"

지금 생각해보면, 내가 방황을 했던 이유는 부모님 때문에 편안하게 살면서 자신만 생각했던 나에게 갑자기 경제적인 어려움과 동생들을 책임져야 한다는 책임감이 너무 버거웠던 것 같다. 나의 인생에 이 방황의 시기가 광야였다. 돌이켜보면, 이 시기가 있었기 때문에 인생에 대해서 더 진지하게, 깊게 생각했던 것 같다. 또 신앙적으로도 더 단단해지고 다듬어졌다. 지우고 싶은 내 인생의 한 부분이지만, 하나님께서 이런 나의 방황 속에서도 함께하시며 나를 연단하셨다.

믿음의 동역자, 아내 신부용

    아내 신부용 권사와는 교회에서 만났다. 교회에서 오빠 동생으로 어렸을 때부터 같이 교회 생활을 해서 자연스럽게 알고 지냈다. 나는 직장생활을 하면서 술과 담배에 찌든 삶을 살고 있었지만, 여전히 교회에 나갔다.

    그러던 어느 날, 몸이 아파서 병원에 입원했다. 당시 청년부 임원이었던 아내가 임원들과 병문안을 왔는데, 아내를 보는 순간 나는 한눈에 반했다. 퇴원한 후에 아내에게 나의 마음을 전했지만, 아내는 나를 좋아하지 않았다. 아마도 제대로 신앙생활을 하지 않고 술과 담배를 하는 나의 모습이 마음에 들지 않았던지 계속 된 구애에도 아내의 마음을 얻기 힘들었다. 하지만 나는 약 1년이 넘도록 계속 아내에게 나의 마음을 전했다. 아내는 1년 동안 한결같이 변함없는 내 모습을 보면서 내 마음이 진실하다

는 것을 알았다. 그리고 나의 모습을 뒤에서 지켜보고 계셨던 장인어른이 아내를 설득해서 연애를 시작했다. 연애를 하면서 나는 아내에게 한 가지 제안을 했다.

"부용 씨는 커피를 끊고, 나는 담배를 끊으면 어떨까요?"

아내는 내가 담배를 끊는다는 소리에, 그토록 좋아하는 커피를 끊겠다며 약속했다. 그렇게 나는 한동안 피웠던 담배를 끊게 되었다.

아내와 결혼을 하기 위해 처가댁에 인사를 드리러 갔다. 장모님은 나를 보시고는 가진 게 없다며 반대하셨다. 장모님의 마음은 완고하셨지만, 장인어른과 아내의 설득에 마음을 여시고 결혼을 허락하셨다. 내가 아내와 연애를 하고 결혼을 하는 데 큰 도움을 주신 분이 바로 장인어른 이시다. 장인어른이 보시기에 내가 비록 가진 건 없지만, 충직하고 성실한 모습이 좋으셨던 것 같다.

1979년 5월 5일, 아내와 1년의 연애 끝에 결혼했다. 나중에 내 어머니에게 들은 이야기지만, 어머니가 처음 아내를 본 것은 아내가 고등학교 2학년이었다고 한다. 아내가 그해 여름수련회에서 하나님을 영접하고 수요예배 때 간증을 했는데, 아내의 간증을 들으신 어머니는 내심 '저런 며느리를 보면 좋겠다'는 생각을 하셨다고 한다. 아내와 함께 부모님께 결혼한다고 인사하러 갔을 때 어머니는 간증을 들으면서 언뜻 '내 며느리였으면 좋겠다'고 생각했던 그 아가씨가 와서 너무나도 반가웠다고 하셨다. 어머니와 아내의 첫 만남이 예배 시간에 간증 시간이었다니 하나님의 계획하심은 오묘하다고 할 수밖에 없는 것 같다.

아내는 1남 3녀 중 둘째 딸로 태어났다. 아내 역시 나처럼 무속신앙을 철저히 믿는 어머니 밑에서 자라다가 중학교 때 단짝 친구의 권유로 교회를 나오기 시작했다. 하나님을 영접한 후 아내는 새벽기도와 철야기도를 하며 가족들의 구원을 위해서 기도하기 시작했다. 8년이 지난 후 친정어머니가 아내와 신앙생활을 시작하셨고, 그 뒤로 6개월 후에 친정아버지도 교회를 다니셨다. 지금 이렇게 간단하게 글로 쓰고 있지만, 부모님과 신앙생활을 함께하기 위해서 보낸 시간들이 순조로웠던 것은 아니다. 친정아버지는 유교사상에 철저하셨던 터라 성경을 찢어버리시기도 하셨고, 친정어머니는 아내를 핍박하시기도 했다고 한다. 그 와중에서도 아내는 기도의 끈을 놓치지 않았다. 부모님이 교회에 등록하던 날 아내는 형언할 수 없는 기쁨으로 많은 눈물을 흘렸다고 한다.

어렵게 신앙을 가지신 장인어른과 장모님은 1989년에 상가를 건축하시고 입주한 날을 기념하여 매년 교회에 가정형편이 어려운 아이들의 학비를 위해 장학금을 후원하셨다. 하나님의 품으로 가실 때까지 20년 넘게 하신 일이었다. 장인어른은 여름 성경학교가 되면 차에 아이스크림을 잔뜩 실어 와서 교회학교 각 부서마다 아이들과 교사들을 위해 나눠주셨다. 덕분에 장인어른은 아이들에게 '아이스크림 할아버지'라는 별명을 선물로 받으셨다. 이렇게 교회를 위한 섬김이 하나님께 받은 은혜와 축복의 답례라고 생각하셨다. 이 일로 우리 교회 신문인 〈열한시〉에 '아이스크림 할아버지'라는 제목으로 기재되기도 했다. 나의 든든한 후원자이셨던 장인어른은 2008년 7월 23일에, 장모님은 2014년 6월 3일에 천국에 입성하셨다. 아내의 전도로 아내의 형제들은 권사(3명)와 집사(1명)로, 그의 자녀들도 모두 하나님을 잘 섬기고 있다.

하나님의 임재가 가득한 우리 가정

아내와 결혼한 후 우리 가정에는 정말 많은 사건사고들이 있었다. 그럼에도 늘 감사한 삶을 살았다. 하나님께서 우리 가정에 임재하시고, 늘 하나님의 시간에 하나님의 방법으로 우리를 이끌어주셨기 때문이다.

회사를 다니면서 시작한 술과 담배는 내 삶을 찌들게 했다. 아내를 만나 연애를 하면서 담배를 끊었지만, 술을 계속 마셨다. 1979년에 결혼을 하고 아내가 큰 아이를 임신하고 있었을 때 아내의 권유로 술도 끊을 수 있었다. 큰 아이를 임신하고 3개월쯤 됐을 때 연탄가스를 마셔서 아내와 아이 모두 생명이 위급한 상황이 직면했던 때도 있었다. 임신중독까지 겹치면서 의사들이 뱃속에 있던 아이에게 좋지 않은 영향을 줘 기형아를 출산할 위험이 크다고 했다. 하지만, 양가 어머니들은 하나님께서 주신 선물이니 낳아서 길러야 한다고 말씀하시면서 출산할 때까지 아무 탈 없이 순산할 수 있도록 기도하셨다. 나와 아내도 하나님께서 우리 가정에 허락하신 축복의 선물인 아이와 함께하고 싶었다. 우리 부부는 더욱 하나님 앞에 기도로 매달렸다.

"하나님! 이 아이가 무사히, 건강하게 출산할 수 있도록 도와주세요."
"하나님께서 주신 귀한 생명이 아무 탈 없이 태어날 수 있도록 도와주세요."

아이가 태어나는 순간까지 우리 가족은 합심해서 기도했다. 감사하게도 아내는 자연분만으로 건강한 딸을 출산했다. 염려했던 것이 무색할 정도로 4.9kg 우량아였다. 모두 하나님께서 도와주셨다며 감사의 기도를 드렸다.

그 아이가 결혼을 하고 자신을 닮은 자식을 낳아 건강한 모습으로 지내고 있으니 하나님의 은혜가 아니면 있을 수 없는 기적과 같은 일이다. 딸이 태어나고 3년 후 아들을 낳았다. 지금까지도 딸과 아들은 우애가 좋고 믿음 안에서 잘 지내고 있어 감사할 따름이다.

아내가 큰 아이를 임신하고 7개월이 됐을 때 ㈜삼림식품을 퇴사하고 1980년에 '신원 설비 공사' 간판을 걸고 보일러 설비를 시작했다. 회사에서 설비시설을 관리하면서 배운 기술 덕분에 개인 사업을 시작할 수 있었다. 개인 사업은 내가 얼마나 열심을 다하느냐에 따라 잘 되는 것도 있

지만, 주변 사업체와 경쟁하는 것이었기 때문에 상권의 영향을 많이 받았다. 처음 사업을 시작할 때는 주변에 같은 업종이 양쪽에 있었는데, 그 한가운데에 보일러 설비 가게를 개업 했다. 경쟁에서 살아남기 위해서는 다른 가게보다 좀 더 일찍 열고 늦게 닫을 수밖에 없었다. 사업을 시작하면서 주일성수를 위해서 주일에 영업을 하지 않았다. 하지만 주일에 문을 열어도 버틸 수 있을지 모를 정도로 심각한 상황이 있었다. 주일은 휴일로 평일보다 일거리가 더 많았기 때문에 더 큰 타격이 있을 것은 자명했다.

이 문제 때문에 나와 아내는 많은 고민을 했다. 많이 망설였지만, 하나님을 섬기는 믿음으로 주일성수를 위해 주일에는 문을 닫았다. 그때 우리 부부는 생사를 건 과감한 결정이었다. 하나님께서 부족한 것을 분명히 채워주실 것이라는 믿음이 있었기 때문에 가능한 일이었다. 정말 하나님께서는 우리 부부의 믿음에 응답하셨다. 주일에 문을 닫았음에도 불구하고 평일에 양쪽 가게들보다 우리 가게에 오는 고객들이 많았다. 눈에 띌 정도였기 때문에 진귀한 장면이었다. 다른 가게보다 특별한 것이 없었음에도 하나님께서 고객들을 우리 가게에 보내주셨다. 심지어 우리 가게가 주일에 문을 닫는다는 것을 안 고객들 중에는 토요일에 미리 물건을 구입하는 경우도 있었다. 사업은 잘 됐고, 양쪽 가게보다 사업이 더욱 번창했다. 하나님을 향한 믿음의 행위에 응답하시는 하나님을 몸소 체험하면서 우리 부부는 더욱 하나님을 찬양하고 섬기는 일에 힘썼다. 그렇게 1993년 12월까지 그곳에서 꾸준히 사업을 할 수 있었다.

정말 눈코 뜰 사이 없이 바쁜 중에도 교회를 섬기는 일에 소홀하지 않았다. 주일학교 교사, 수요예배, 성가대, 구역장, 토요일에는 초등학교 노방전도까지 시간을 내어 복음을 전하고 신앙생활을 했다. 초등학교 5~6학년으로 구성된 소년부 부장으로 섬길 때에 매주 토요일에 안양에 있는 초등학교들에서 학교 앞 전도를 했다. 교사들이 짝을 이루어 아이들에게 떡볶이와 아이스크림을 사주고 다가가 복음을 전했다. 그 결과 연초에 180명이었던 아이들이 연말에는 360명이 넘는 아이들이 소년부에서 예배드렸다.

1995년경 교회의 한 장로님의 강력한 권유로 '한국 사랑의 동산'에서 진행하는 영성훈련에 참여했다. 별 생각없이 참여한 이곳에서 나는 천국을 경험했다.

한국 사랑의 동산은 4박 5일 동안 그곳에서 헌신하는 봉사자들의 섬김을 받으면서 같은 조에 편성된 사람들과 삶을 나누고 함께 기도하고 말씀을 깊이 묵상할 수 있는 영성훈련캠프이다. 나는 봉사자들의 조건 없는 헌신을 보면서 하나님을 인격적으로 만났다. 아무런 조건 없이 나를 사랑하시는 하나님의 모습이 바로 이런 모습이라는 생각에 눈물이 났다. 특히 마지막 날 퇴소 전 새벽에 가족들이 와서 세족식을 해주는데, 아내가 와서 내 발을 닦아주며 나와 아내는 뜨거운 눈물을 흘리며 큰 감동을 받았다. 내가 받은 감동이 커서 아내와 딸, 아들까지 한국 사랑의 동산에서 영성훈련을 받았다. 아내와 딸, 아들도 말할 수 없는 은혜를 경험했다.

한국 사랑의 동산에서 봉사자들의 헌신에 감동한 나는 교회 식당에서 4년 동안 주일 점심시간에 밥을 푸는 봉사를 했다. 하나님의 은혜에 감사한 마음을 담아 섬기는 내 모습에 일부 교인들은 조금 삐뚤어진 시선으로 바라보았다.

"글쎄, 원덕길 집사가 장로 임직을 받으려고 식당 봉사를 하는 거래!"

나는 주변에서 들려오는 험담에 마음이 아팠다. 식당 봉사를 계속 해야 하는 고민이 들었지만, 다른 사람들의 시선이나 말에 신경 쓰지 않기로 했다. 내가 식당 봉사를 하는 것은 하나님께 받은 은혜를 나누고 싶은 간절한 마음이었다. 하나님께서 나의 중심을 아신다는 것을 믿기에 흔들리지 않고 4년 동안 성실히 식당 봉사를 했다.

2부

네팔 선교

네 팔

- 면적 : 147,181㎢
- 수도 : 카트만두(Katmandu)
- 종교 : 힌두교(87%), 불교(8%) 이슬람교(4%)
- 인구 : 약 3,000만 명
- 언어 : 네팔어
- 기후 : 고도에 따른 변화가 심하며, 전반적으로 몬순의 영향을 크게 받는다. 남부 타라이 지방은 고온다습한 아열대기후를 이루나 겨울에는 쾌적하고 서늘하다. 네팔의 우기는 6~9월이고 1월 평균기온은 11℃, 7월평균기온은 25℃이다.

네팔은 동서로 길게 늘어져 있다. 남북을 합한 것보다는 작으며, 남한 보다는 1.5배 정도 큰 편이다. 남부 평야지대, 중부 산악지대, 북부 히말 지대로 구분할 수 있다. 대부분의 사람들은 평야지대와 산악지대에 살고 있으며, 소수의 사람들이 히말 지대에서 살고 있다. 네팔은 크게 5개발 구역(동부, 중부, 서부, 중서부, 극서부 개발 구역), 그 안에 14 언쩔(도), 그 안에 75 질라(군)로 구분되어 있다. 도로는 남부 평야 지대에 동서로 길게 하이웨이가 있으나 우리나라 2차선 국도 정도로 생각하면 된다.

네팔을 향한 비전

- 네팔을 주님께

- 네팔을 성결케

- 네팔을 강건케

- 네팔에서 세계로

선교를 시작하다

2000년도에 장로로 장립하고 다음 해에 청년부 부장이 되었다. 내가 소년부 교사와 부장으로 있을 때 초등학교 5~6학년이었던 아이들이 어느새 커서 청년이 되어 청년부에 있었다. 청년들의 어린 시절을 알고 있었기 때문에 그들과 함께 지내는 것은 그리 어렵지 않았다. 교육부서 부장은 3년마다 바뀌었는데, 나는 8년 동안 청년부 부장을 했다.

청년부 부장으로 있던 2003년에 네팔에서 선교하시는 김원식 선교사님으로부터 청년부에 요청이 들어왔다.

"안양제일교회 청년부에서 내년에 네팔로 단기선교를 왔으면 좋겠어요."

안양제일교회는 그때까지 선교에 문외한이었다. 담임목사님께서 현지 답사를 갔다 오면 좋겠다고 말씀하셨고, 나는 몇몇 분들과 네팔로 향했다. 네팔이라는 땅에 처음 간 나는 그곳에서 열정적으로 선교하시는 선교사님의 헌신에 큰 감동을 받았다. 그리고 선교사님에게 이듬해인 2004년에 청년들과 함께 단기선교를 오겠다고 말씀드렸다. 하지만 청년부가 네팔로 단기선교를 가기까지는 많은 어려움이 있었다.

당시 청년부에서는 여름마다 농촌봉사활동을 하고 있었고, 국내선교도 할 곳이 많이 있는데 군이 해외선교까지 할 필요가 있느냐는 반대 의견이 있었다. 어떤 분은 해외선교를 할 시간과 돈이 있으면 국내에 더 많은 곳에 선교할 수 있다고 했다. 맞는 말이다. 하지만, 국내 선교가 중요하듯 해외 선교도 중요하다. 해외 선교를 접하지 못했던 우리 교인들이 선뜻 청년부 단기선교에 함께하는 것이 무리일 수도 있었다. 당시 농촌봉사활동이 중심이었던 청년부였기 때문에 단기선교팀으로 지원하는 청년들도 많지 않았다. 국내에서 단기간 농촌봉사활동과 달리 2주 정도의 단기선교 일정과 비용이 청년들에게 부담스럽기도 했다.

15명 정도 신청했는데, 선교의 열정을 가진 이들은 드물었다. 절반 정도는 부모의 강요에 못 이겨 해외견문을 넓히는 수학여행을 가는 것쯤으로 여기며 신청한 청년들이었다. 그런 부모의 강요에 못 이겨 신청한 청년 중에 하나가 내 딸이었다. 당시에는 딸이 청년부 예배도 드리지 않고 방황하고 있었다. 딸은 교회에서 단체로 여행을 가는 것에 대해 거부했다.

청년부를 담당했던 김남권 목사님도 딸이 팀원으로 들어오는 것을 반대할 정도로 청년부 활동에 비협조적이었다. 나는 딸을 3개월가량 설득하고 야단치고 협박하기를 반복하여 단기선교팀에 합류하도록 하여 딸과 첫 선교를 함께했다.

네팔선교가 확정되고 김남권 목사님이 팀원을 대상으로 제자훈련을 시작했다. 김 목사님은 제자훈련을 할 때 개인의 성향별로 하나님의 말씀을 가르치는 방식을 달리했다. 같은 성향에 있는 사람들끼리 모여 성향에 맞는 방법으로 말씀을 접하자 청년들에게서 많은 변화들이 일어났다. 청년부의 부흥이 폭발적으로 일어났고, 180명이 모여 예배하던 청년부가 1,000명이 넘는 인원이 예배했다. 제자훈련을 받은 청년들이 각 소그룹, 그룹공동체, 임원으로 자진해서 교회를 섬겼다. 이들의 헌신된 모습은 주변에 있는 청년들에게 또 다른 긍정적인 영향을 주었다.

선교를 준비하면서 선교지에서 먹을 음식을 준비했다. 하지만 김 목사님은 한국 음식을 먹으면서 현지 선교를 어떻게 할 수 있느냐고 했다. 현지인들이 먹고 자는 것처럼 똑같이 해야 한다며 갈아입을 옷 한 벌씩만 작은 배낭에 가지고 오라고 했다. 나는 목사님을 겨우 설득해 볶음김치와 최소한 밑반찬만 가지고 가기로 했다. 그렇게 우리는 선교에 경험도 없고 무엇을 해야 할지 모른 채 첫 선교지인 네팔로 떠났다.

그 당시 우리나라에서 네팔로 가는 직항이 없어서 태국 방콕에서 환승

하여 네팔 카트만두로 가야만 했다. 청년부 단기선교팀원은 대부분 해외로 나온 것이 처음이었다. 방콕에서 하룻밤을 대기해야 했는데, 우리는 교회에서 힘들게 모은 헌금을 아껴야 한다는 생각에 호텔에 숙박하지 않고 공항에서 지내기로 했다. 공항의 찬 바닥에 은색 돗자리를 깔고 침낭도 없이 잠을 청했다. 모든 것이 처음이었던 우리는 혹시라도 밤에 가방이라도 없어질 것을 우려해 남자 청년들이 불침번을 번갈아 서며 밤을 보냈다. 방콕 공항에 있는 외국인들과 관계자들이 동물원 원숭이를 쳐다보듯이 신기하게 쳐다봤다. 심지어 우리의 모습을 사진기로 찍는 사람들도 있었다.

네팔 카트만두에서 사역하다

네팔 카트만두 땅을 밟은 우리는 선교사님과 곧바로 카트만두 시내에 있는 쿠시교회로 향했다. 우리 단기선교팀의 사역은 어린이 사역과 카펫 공장 페인트 사역이었다. 김원식 선교사님은 비자 문제 때문에 선교사로 네팔에 오래 거주할 수 없었다. 그래서 현지인들이 운영하는 작은 카펫 공장을 인수하여 운영하고 있었다.

어린이 사역팀과 카펫 공장 페인트 사역팀을 나눠 사역을 진행했다. 사역을 시작한 지 3일 째 되는 날 우리 선교팀은 노숙자들에게 세족식을 거행했다. 노숙자 대부분 신발을 살 돈이 없어 맨발로 지냈다. 오랜 시간 노숙하고 맨발로 길거리를 다녔으니 가까이 다가가기 전에도 지독한 냄새가 풍겼다. 그 냄새를 참고 더러운 발을 닦아주는 것은 정말 쉬운 일이 아니었다. 우리 단기선교팀은 청년들이었으니 평생 맡아보지 못한 냄새와 환경이 적응하기 힘들었을 것이고, 다른 사람의 발을 닦아주는 것도 처음인 경우들이 많았다. 그런데 냄새나고 더러운 노숙자의 발이라니. 처음에는 어느 누구 하나 섣불리 세족식을 하지 못했다. 당연한 것이었다. 하지만 성경에 예수님이 제자들의 발을 닦아주셨던 것을 생각하며 세족식을 시작했다.

먼 이국땅에 찾아와 돈과 시간을 쏟으며 우리가 하려고 한 것은 여행이나 즐거움이 아니었다. 이국땅에서 소외되고 힘든 삶을 살며 하나님을 모르는 이들에게 복음과 하나님의 사랑을 전하는 사역을 위해 온 것이었다. 힘들고 어려워도 하나님께서 우리에게 베풀어주신 은혜와 예수님의 사랑을 생각하며 그들에게 다가갔다. 세족식이 시작되자 예수님이 제자들을 향해 품으셨던 그 마음을 청년들이 느끼기 시작했다. 김원식 선교사님이 노숙자의 발을 씻기 시작했다. 그러자 청년 한 명이 나와 노숙자의 발을 부여잡았다. 그 이후에 다른 한 명, 그리고 또 다른 한 명이 나왔다. 그렇게 모든 청년들이 나와 뜨거운 눈물로 그들의 발을 씻기며 그들의 영혼을 위해, 그들의 삶을 위해 기도했다. 발을 닦아주고 준비한 양말을 신겨주었다. 어느새 더럽고 냄새나는 주변 환경은 청년들에게 문제가 되지 않았다. 청년들은 세족식이 끝난 노숙자들을 한 사람씩 맡아 껴안아 주고 그들을 위해 눈물로 기도해주었다.

부끄러운 이야기이지만, 나는 그때 맨 뒤에 서서 그 장면을 보고만 있었다. 나는 도저히 노숙자들에게서 나는 냄새가 너무 심해서 쉽게 다가

갈 수 없었다. 장로라는 사람이 이런 모습을 보이기 싫었지만, 발길을 뗄 수가 없었다. 하지만 청년들은 망설이지 않고 그들을 안고 눈물로 기도했다. 나는 청년들의 모습을 보면서 나 자신에게 너무나도 실망하고 부끄러웠다. 청년들의 뜨거운 눈물에 어느새 내 눈에도 눈물이 흐르기 시작했다.

청년들도 한 영혼을 위해서 저렇게 뜨거운 눈물을 흘리며 기도하는데, 장로인 나는 노숙자들의 냄새 때문에 다가서지 못하고 뒤에서 보고만 있는 내 모습을 회개했다. 회개 기도를 마칠 때쯤 정말 신기하게도 교회를 가득 덮은 코를 찌른 악취가 더 이상 나를 힘들게 하지 않았다. 나는 용기를 내어 노숙자들에게 다가가 그들을 안고 눈물로 기도했다. 한 영혼이 천하보다 귀하게 여기신다는 주님의 말씀이 어떤 것인지 비로소 알 수 있는 시간이었다. 내 마음에 주님의 말씀으로 가득했다.

부끄럽지만, 2살 무렵부터 50년 이상 교회를 다닌 내가 이때 청년들의 눈물의 기도를 보며 선교의 비전을 품게 되었다. 나는 기도하며 고백했다.

"하나님! 내 남은 인생의 십분의 일의 시간을 주님을 위해 쓰겠습니다."
"열방을 품고 각 나라의 주님을 모르는 사람들에게 복음을 전하겠습니다."

    그날 나는 하나님께 이렇게 약속의 기도를 드렸다. 세족식이 끝나고 교회를 떠나는 사람들의 손에는 발에 신겨있어야 할 새 양말들이 있었다. 선교사님을 통해 그들 중에 한 사람에게 물어보니, 집에 있는 자녀나 이곳에 참석하지 못한 동생들에게 주려고 신지 않고 가지고 간다고 말했다. 우리에게는 흔한 양말 한 켤레가 이 사람들에게는 태어나서 처음 가지게 된 양말인 경우도 있었다. 그 말을 듣고 청년들은 다시 한 번 눈물을 흘렸다.

네팔 오지 선교

도심 지역의 사역을 마치고 오지 사역이 시작되는 날이었다. 다섯 시간 동안 버스를 타고 치트완으로 이동하여 치트완 쿠시교회를 방문했다. 당시 교회가 공사 중이었지만, 교회 안에서 예배를 드리고 쁘라썸사교회로 향했다. 쁘라썸사교회는 공간이 굉장히 협소했는데, 그곳에 하나님의 말씀을 듣기 위해서 많은 사람들이 찾아왔다. 우리 단기선교팀은 예배당 안으로 들어가지도 못하고 밖에서 예배를 드려야만 했다. 선교사님이 아픈 사람들에게 안수기도를 해주고 우리 단기선교팀도 그 사람들을 위해 함께 기도했다. 청년들이 한 영혼의 구원을 위해 눈물로 기도하는 모습에 내 마음이 크게 울렸다. '하나님은 이렇게 역사하시는구나!'

다음 날 아침 일찍부터 길을 나섰다. 치트완에서 2시간 동안 걸어서 산속으로 들어갔다. 무허가촌 예배지인 이곳은 네 평 반 정도의 공간이었다. 이곳에서 150명이 넘는 사람들이 모여 말씀을 들었다. 나중에는 마당까지 사람들로 가득 찼다. 마당에 있는 사람들에게는 예배당에서 전하는 말씀이 잘 들리지 않았지만, 그들은 귀를 기울이며 복음을 들으려고 애썼다. 말씀을 사모하는 이들의 모습에 나는 큰 감동을 받았다. 매주일, 아니 내가 원하면 언제 어디서든지 하나님의 말씀을 들을 수 있는 환경에서도 이들처럼 말씀을 사모했던 적이 있었던가! 나는 그곳에서 또 하나님께 회개했다.

무허가촌 예배지에서 예배를 드리고 또 다시 5시간 동안 걸었다. 임마누엘교회로 향하는 이 길은 난생 처음 경험한 험난한 길이었다. 수십 개의 계곡을 건너서야 갈 수 있는 이곳은 전혀 준비 없이 간 우리에게는 당황의 연속들이었다. 선교지에 대한 무지로 힘든 여정을 견뎌야만 했다. 계곡들이 펼쳐진 이곳은 물과 습기 때문에 온 몸이 젖은 상태로 장시간 걸어야 했다. 여벌옷이나 여벌신발도 준비하지 못한 채 청바지에 운동화를 신고 계곡들을 건너는 기분이란 경험한 사람이 아니라면 정말 표현할 수 없는 것이었다. 심지어 김 목사님은 유일한 신발이 가죽단화였는데, 그 신발이 젖으면 말릴 틈이 없었다. 처음에는 계곡이 나올 때마다 신고 벗기를 반복하다가 계곡이 10개가 넘자 그냥 포기하시고 신발을 버리셨다. 나는 추운 지역이라고 생각하고 겨울 골덴 바지를 입고 올라갔으니 얼마나 선교의 문외한이었는지 적실히 보여주는 예라 할 수 있었다.

그렇게 계곡들을 지나 올라가기를 4시간 정도 지났을까. 먼 곳에서 사람들의 형체가 보였다. 임마누엘교회 교인들이 마중을 나온 것이었다. 먼 곳에서 귀한 목사님이 오셨다면서 교인들이 세례를 받고 싶다고 요청했다. 거절할 수 없는 요청에 목사님과 선교사님, 그리고 나는 입은 복장 그대로 강 한가운데로 들어가 임마누엘 교인들에게 침례를 베풀었다. 선교지에서 경험할 수 있는 이 은혜로운 시간은 내 마음을 뜨겁게 했다. '하나님의 사랑, 은혜가 바로 이런 것이구나!'

오후 6시쯤 임마누엘교회에 도착한 우리는 전기도 들어오지 않은 그곳에서 예배를 드렸다. 호롱불 아래에서 뜨겁게 기도하며 찬양을 불렀다. 환경이 열악했지만, 찬양과 기도는 밤 10시가 넘도록 계속 되었다. 나중에 알게 된 사실인데, 외국인들이 산속에 들어왔다는 소식을 들은 게릴라 군인들이 우리를 헤치고 물건이나 돈을 뺏으려고 무장을 하고 교회까지 왔다고 한다. 그런데 게릴라 군인들은 찬양과 기도 소리에 당황해하며 복음을 듣고 함께 예배를 드리고 돌아갔다고 한다. 성경에 기록된 복음의 기적과 능력이 내가 살고 있는 이 시대에도 동일하게 적용되고 있다는 사실에 나는 놀랐다. 옛날에 있었던 일이 아니라 지금 내가 살고 있는 이 시간에도 역사하는 하나님의 능력을 경험했다.

그곳에서 선교사님이 아이를 안고 있는 한 여인을 소개했다. 산 넘어 다른 동네에 사는 이 여인은 임마누엘교회에서 예배를 드린다는 소식을 듣고 갓난아이를 안고 5시간이 넘도록 산을 넘고 계곡을 건너서 예배의 자리에 나아왔다. 예배를 간절히 사모하는 여인의 이야기에 모든 청년들은 뜨거운 눈물을 흘리며 그 여인과 아이를 축복해주었다. 음식이라도 나눠주고 싶었지만, 한사코 거절하던 그 여인은 현지인들이 교회 앞에 추위를 피해 피워놓은 모닥불 앞에 밤을 지새우고 동트기 전에 캄캄한 산길을 따라 불도 없이 갓난아이를 안고 돌아갔다.

그날 밤 우리 팀은 임마누엘교회의 흙바닥에 누워 잠을 자야했다. 오후 늦게 강에 들어가서 침례를 하느라 내가 입고 있던 골덴 바지는 흠뻑 젖어있었다. 두꺼워서 잘 마르지도 않는 젖은 바지를 입고 흙바닥에 누워 자는데 추워서 잠을 잘 수가 없었다. 밤새 추위에 떨던 나는 그날 이후로 수족냉증이 걸려서 지금까지 한 여름에도 발이 시려서 털양말을 신어야지만 잠에 들 수 있다.

3일간의 오지사역을 뒤로 하고 카트만두로 돌아왔다. 돌아오는 길도 갔던 여정을 되풀이해야 했기에 모두 지치고 힘들었다. 그럼에도 그곳에서 받은 하나님의 은혜는 우리 모두의 마음에 가득했다.

단기선교팀의 변화된 삶

사역을 마무리하고 문화탐방을 하기로 했는데, 갑작스럽게 게릴라들이 카트만두를 점령하는 바람에 거리에는 차와 사람들을 찾아볼 수 없었다. 다음날이 출국이었는데 출국조차 장담할 수 없는 긴박한 시간들이 계속되었다. 공항에서 비행기가 뜬다고 하더라도 우리 일행들이 버스를 타고 공항까지 안전하게 갈 수 있을지도 모르는 위험한 상황이었다.

다행히 외국인들에게는 통행을 허락해주어 무사히 카트만두 공항에 도착할 수 있었다. 감사하게도 예정된 시간에 비행기에 탑승했고, 아무 탈 없이 귀국할 수 있었다. 인천공항에 도착해서 버스를 타고 교회로 향하면서 우리는 네팔에서 받은 은혜와 하나님의 기적을 잊지 않기로 했다. 더 나아가 우리가 처한 모든 처소에서 빛과 소금의 역할을 다하기로 서로 다짐했다. 이렇게 우리는 11일간의 단기선교를 마무리할 수 있었다.

우리의 다짐대로 네팔로 단기선교를 다녀온 선교팀은 각자 속한 공동체에서 받은 은혜를 서로 나누며 선교의 불을 붙였다. 단기선교를 가지 않겠다고 했던 딸도 성령 충만한 삶을 살았다. 신앙적으로 방황했던 모습은 사라지고 하나님을 섬기는 데 헌신했다. 딸의 삶 자체가 선교의 간증이었다. 3개월 동안 함께 선교를 가자고 했던 나의 끈질긴 노력이 헛되지 않았다.

네팔 단기선교를 다녀온 청년들의 변화된 모습을 보고, 청년들의 부모님은 물론 청년들이 속한 청년부에서도 네팔에 대한 사랑이 싹트기 시작했다. 단기선교를 마치고 온 직후였지만, 네팔을 꼭 가보고 싶다고 하는 청년들이 많이 생겼다.

지나고 생각해보니, 처음 간 단기선교는 정말 무모한 도전이었다. 아무런 준비 없이 해외로 간다는 들뜬 생각만 했을 뿐 선교의 진정한 의미는 물론 선교지에 대한 지식도 없었다. 제대로 갖추지 못한 상태에서 네팔로 떠난 단기선교였다. 그럼에도 하나님께서는 우리 모두에게 선교의 기쁨과 은혜를 경험하게 하셨다. 우리가 큰 기대 없이 아무 것도 모른 채 선교지에 갔기 때문에 모든 순간들이 감사하고 은혜의 시간이었는지 모른다. 우리가 쉽게 드리는 예배가 어떤 이들에게는 목숨을 걸고 드리는 예배임을 알게 되었고, 갓난아이를 안고 그 험한 산길을 5시간 넘도록 걸어와서 드리는 그 아이엄마를 보며 예배를 향한 사모함을 배울 수 있었다.

우상으로 가득한 네팔 땅에 하나님의 복음이 살아 역사하심을 알 수 있었던 11일의 시간들이 짧다면 짧고 길다면 긴 시간이지만, 이 시간은 단순히 지나가는 시간이 아니었다. 청년들 가슴속에, 내 마음속에 믿음의 씨앗으로 자라고 열방을 품고 나아가는 귀하고 귀한 시작이었음을 고백한다.

네팔 땅을 두 번째 밟다

2005년 네팔 단기선교 2기는 2004년 여름부터 준비했다. 네팔 단기선교를 다녀온 청년들을 중심으로 변화된 모습에 네팔 단기선교 2기에는 21명이 참여했다. 1기에 아무런 준비 없이 선교를 떠난 것을 복습하지 않기 위해서 네팔 선교를 위해 이른 시간부터 많은 것을 준비했다. 그러나 2004년 10월쯤 네팔 선교사님으로부터 네팔에 내전이 심해서 현지 상황이 좋지 못하다는 소식을 들었다. 선교를 위해 팀원을 꾸려 제대로 된 훈련을 하고 있었던 상황에서 네팔에서 전해진 소식에 안타까웠다. 그럼에도 선교팀원들은 더욱 열심히 준비하며 기도했다. 하지만 네팔에서는 갈수록 악화되고 있다는 내전상황을 전했고, 그럴수록 우리는 전심을 다하여 네팔을 위해 기도했다. 네팔의 상황은 좋아질 기미가 없었다. 그러던 중에 2004년 12월 26일, 쓰나미가 태국과 인도네시아에 일어났다. 네팔을 준비했던 단기선교팀은 내전으로 갈 수 없는 네팔을 뒤로 하고 쓰나미가 일어난 태국으로 가기로 결정했다. (이때 떠난 태국 선교의 이야기는 뒤에 태국 선교를 이야기하면서 다루겠다.) 이렇게 네팔 단기선교 2기는 태국 선교 팀으로 전환되었다. 원래는 네팔 단기선교 3기지만, 2006년 떠난 네팔 단기선교팀이 네팔 단기선교 2기가 되었다.

2004년부터 시작된 네팔의 내전은 계속 진행형이었다. 선교사님을 통해 전해들은 이야기를 간략하게 이야기하자면 이렇다. 오랫동안 왕정제였던 네팔이 1990년 절대왕정을 폐지하면서 입헌군주제가 채용되었고, 30년 만에 복수정당제에 의한 의회제 민주주의가 개시되었다. 하지만 정치적 혼란이 계속되었고, 1996년부터 동생이 형을 죽이고 왕위에 오른 왕족과 반군의 정권 다툼이 치열해지고 거기에 국민들의 시위까지 이어지면서 상황은 좋지 않았다. 네팔의 수도인 카트만두 곳곳에 군인들이 총을 들고 대치하였고 시내에 탱크까지 들어와 있었다. 반군들은 카트만두를 제외한 지역을 이미 점령하고 있었고, 군인들은 반군들에게 카드만두를 빼앗기지 않으려고 무기로 무장하고 왕이 살고 있는 카트만두를 지키며 때때로 교전을 일으키기도 했다. 반군들이 경찰서를 공격하여 무기를 탈취하고 경찰들을 죽이기도 했다. 내전으로 네팔에서의 안전이 보장되지 않아서 2005년에는 가지 못했고, 네팔을 위해 기도하며 2006년 네팔 단기선교 2기를 다시 모집하여 준비했다.

네팔 단기선교 2기는 1기의 경험을 바탕으로 카트만두 지역의 선교보다는 오지 선교에 집중하기로 했다. 네팔이 워낙 고산지대가 많은 나라이고, 오지 선교를 가려면 걸어서 며칠씩 가야하는 여정이기에 체력훈련을 했다. 1기 때 체력 훈련을 하지 않고 오지에 들어가서 청년들이 너무 힘들어 했었다. 2기 팀원이 꾸려진 직후부터 매주 체력훈련을 했다. 매주 토요일 새벽에 모여 경건회를 하고 안양 인근에 있는 산들을 등산했다. 체력 훈련에 2번 이상 결석하면 네팔 선교팀에 함께 할 수 없다고 엄격한 기준을 만들었다. 오지 선교를 가기 위해서는 꼭 필요한 과정이었다. 때로는 야간훈련도 했다. 게릴라들 때문에 밤에 이동해야 하는 상황도 있을 수 있었기에 금요일 저녁에 성령집회를 참석 후 밤 10시에 야간 산행 훈련도 진행했다. 모두 헤드라이트를 끼고 배낭을 메고 마치 군인들이 군장 메고 행군을 하는 것처럼 훈련했다. 군 복무 시절 받았던 훈련 덕분에 청년들을 대상으로 이렇게 훈련을 진행할 수 있었다. 또 1기 때 뼈저리게 느꼈던 것이 있었기 때문에 청년들도 불평 없이 모든 훈련에 함께했고, 모두 단기선교를 기대하며 설렌 마음으로 참여했다. 체력 훈련을 하다가 뒤처지는 청년이 있으면 서로 잡아주고 끌어주며 단 한 명의 낙오자 없이 모든 훈련을 마칠 수 있다. 출발 3개월 전부터 함께 모여 네팔 선교를 준비하였기에 팀원들 간의 팀워크도 너무나도 좋았다.

네팔 단기선교 2기에는 모두 21명이 함께했다. 청년들 외에도 나와 한상웅 장로님, 세 분의 권사님이 함께 했다. 그중에 한 명이 아내였다. 박금자 권사님은 네팔 단기선교 1기에 다녀온 형제의 어머니였다. 네팔을 다녀온 후 변화된 아들의 모습에 감동하여 지원했고, 염신숙 권사님은 간호사로서 혹시 모를 응급상황에 대비해 의료팀으로 함께 했다.

네팔 내전은 우리가 선교 가기 전까지 계속 됐지만, 심각한 상황이 정리되고 있었기에 우여곡절 끝에 2006년에 네팔 단기선교 2기를 진행할 수 있었다. 다행스럽게 그해 11월에 내전은 종결되었으나 외곽에는 아직 반군이 있었다.

1기와 마찬가지로 태국 방콕을 경유해 네팔로 가는 여정이었다. 방콕 공항에서 하룻밤을 노숙하고 네팔 행 비행기에 몸을 실었다. 네팔 카트만두 공항에 도착하자 2년 전 단기선교의 여정이 떠올랐다. 은혜의 물결이 가득했던 이 곳, 하나님께 시간의 십일조를 드리겠다고 약속했던 이 땅을 밟자마자 눈물이 글썽거렸다.

현지 사역자 자물린의 고향에서 사역하다

2004년 네팔 단기선교 1기를 마치고 돌아올 때 현지 사역자 자물린이 우리에게 다음 사역은 자기가 태어난 곳과 그 주변 마을에 복음을 전해주면 좋겠다고 간곡히 부탁했었다. 그의 부탁대로 단기선교 2기의 사역을 자물린의 고향으로 정했다.

자물린은 네팔에서 가장 낮은 계급이다. 어렸을 때 외국인을 상대로 등반할 때 등짐을 지고 올라가고 돈을 받는 세르파였다. 자물린는 김원식 선교사님과 만났고, 우리가 처음 떠난 단기선교 때에 선교사님을 도와 현지 문제들을 해결해주고 도와주는 역할을 하는 간사였다. 그는 선교사님과 함께하며 하나님을 만나게 되었고, 주의 종이 되겠다고 헌신하여 현재는 네팔 카트만두에 있는 젤라교회의 담임목사로 있다. 모든 일에 열정적이던 자물린에게 감동하여 나는 귀국 후 그를 한국에 초대했다. 자물린은 한국 교회들을 방문하고, 한국 문화도 체험하며, 깊은 감동을 받고 돌아갔다.

자물린의 고향은 카드만두에서 6~7시간을 차로 이동하고 5시간 정도 걸어가야만 도착할 수 있는 곳이었다. 차로 이동하고 그곳에서 하룻밤을 머물고 다음날 아침 일찍 출발하기로 했다.

짐을 풀고 잠자리에 들기 전에 예배를 드렸는데, 한 여인이 돌쯤 되는 남자아이를 안고 함께했다. 그런데 예배 중에 갑자기 남자아이가 경련을 일으켰다. 자세한 병명은 알 수 없었지만, 아이의 상태는 굉장히 심각했다. 경련은 지속되고 호흡곤란이 와서 아이의 얼굴에 청색증까지 왔다. 30년 베테랑 간호사인 염 권사님조차 당황할 정도로 상황은 점점 심각해졌다. 그 상황에서 우리가 할 수 있는 것은 기도밖에 없었다. 우리는 합심하여 아이를 위하여 기도하기 시작했다. 아이의 엄마 심정으로 눈물로 기도했다.

"하나님! 이 아이를 살려주세요!!!"

바로 우리 눈앞에서 생사를 넘나드는 아이의 모습을 보고 있었으니 그 긴박감과 간절함에 얼마나 기도했는지 모른다. 한참을 기도했는데, 권사님의 목소리가 들렸다.

"호흡이 안정되고 있어요!"

조금씩 아이의 호흡이 돌아오고 청색증도 없어졌다. 경련도 멈췄다. 하나님의 기적이 일어났다. 선교 첫날부터 하나님께서 살아 계시다는 것을 우리 단기선교팀에게 직접 눈으로 보여주셨다.

자물린의 고향으로 가는 길은 말로 표현할 수 없는 길이었다. TV로 만 봤던 산양들이 오르내리는 절벽과 같은 길이었다. 사람이 다닐 수 없는 길이었다. 이런 험난한 길을 우리 청년들이 복음 때문에 주저하지 않고 걸었다. 더 놀라운 것은 우리와 함께 예배했던 여인이 경련이 일어났던 아이를 안고 우리의 여정에 함께했다. 성경에 많은 이들이 예수님께 고침과 구원함을 얻고 예수님을 따랐던 것처럼 이 여인도 예수님께 고침과 구원함을 얻고 복음을 위해 함께했다. 오랜 시간 암벽등반을 하다시피 도착한 마을은 오지 중에 오지였다. 네팔에서도 소외된 사람들이 살고 있는 이 마을은 계급조차 없는 사람들 혹은 인도나 티베트 등에서 오래 전에 넘어와 부족을 이루며 사는 곳이었다. 네팔에는 1960년대 힌두교 카스트 제도를 폐지했지만, 일반 사회에는 계급 제도가 엄밀히 존재하고 있었다. 이들은 카스트 제도의 최하위 계급인 사람들이었다.

우리는 자물린을 위해서 마을잔치를 계획했다. 당시 약 한국 돈 40만원으로 동네에 있는 물소 한 마리를 구입했다. 음식을 준비하고, 사역을 홍보하기 위해 사물놀이를 했지만, 한 사람도 예배장소에 오지 않았다. 이렇게까지 오지 않은 것을 이상하게 여겨 자물린의 아버지에게 물어보니 반군들 때문에 무서워서 참석을 하지 못하고 집에서 쳐다보고 있다고 했다. 그동안 반군이 얼마나 악독하게 마을 사람들을 대했는지 알 수 있었다. 반군의 일에 협조하지 않으면 밤에 와서 그 집 모든 식구들을 다 죽인다고 했다. 그 소리를 듣고 나는 하늘을 보면서 조용히 하나님께 기도했다.

"하나님 어떻게 해야 좋을까요?"

한 시간을 기다려도 마음 사람들은 오지 않았다. 마냥 기다릴 수 없어서 우리 팀만이라도 예배를 드리기로 했다. 함께한 권사님들의 특송으로 예배를 시작했다. 나는 하나님께 이 마을에 사는 사람들을 위해서 기도했다.

"하나님, 자신뿐만 아니라 가족들까지 위험에 빠질 수 있다는 사실이 얼마나 무서웠을까요."
"이들을 위로하시고 하나님을 만나고 구원의 기쁨을 누릴 수 있도록 해주세요."

그들을 안타까워하며 중보의 마음으로 예배를 드렸다.

얼마나 시간이 흘렀을까. 우리가 하나님께 예배하는 소리에 그들의 마음이 움직였는지 언어도 통하지 않고 반군의 위협에도 불구하고 한 명, 두 명 모이더니 어느새 백 명쯤 예배 자리에 함께했다. 어려운 환경 속에서도 이렇게 많은 사람이 모인 것은 주님의 은혜였다. 이 마을 사람들은 소수 부족들과 외국인들로 구성되어 있어서 적어도 3번 이상 통역을 거쳐야만 의사소통이 되는 곳이었다. 단기선교팀으로 함께한 담당 목사님이 한국어로 말씀하시면 김원식 선교사님이 한국어를 네팔어로 통역하고 자물린이 네팔어를 현지 부족어로 통역했다. 이렇게 3번을 걸쳐 복음을 전했고, 그 복음은 그곳 사람의 마음에 작은 씨앗으로 자리를 잡았음을 확신했다.

천사를 보내주신 하나님

예배를 마치고 마을에서 자고 다음 날 아침에 다음 사역지로 이동할 계획이었으나 마을 사람들이 밤에 반군들이 공격해서 우리가 위험해질 수 있으니 빨리 도망가라고 알려주었다. 반군들은 외국인들을 잡아 2만 달러의 돈을 요구하고, 그 돈으로 무기를 구입하여 세력을 넓힌다고 했다. 그들의 말에 우리는 재빨리 마을을 빠져나왔다. 히말라야 산맥의 깊은 골짜기에 있는 오지 중의 오지인 마을을 떠나 앞도 보이지 않는 어두운 산길을 가는 것은 정말 위험한 일이었다. 하지만 정말 긴박한 순간이었기 때문에 우리는 뒤도 돌아보지 않고 뛰다시피 그곳을 떠나야만 했다. 뒤에서 반군들이 쫓아오고 있다고 생각하니 단 1분도 지체할 수가 없었다. 급하게 마을에서 철수하는 바람에 헤드라이트를 챙기지 못했다. 설상가상으로 전날에는 달이 떠서 헤드라이트가 없어도 걸을 수 있을 정도로 달빛이 환했는데, 하루 사이에 짙은 구름이 덮여 얼마나 어두웠는

지 한치 앞도 보이지 않을 정도로 캄캄했다. 내 인생에 가장 어두운 밤을 경험했던 날이었다. 이곳저곳에서 넘어지는 소리가 들렸다. 산은 또 얼마나 험한지 낮에도 정신을 바짝 차려야 갈수 있을 만큼 험한 길이었다. 한쪽은 절벽이고 떨어지면 시신도 찾을 수 없는 길이었다. 얼마나 두려운지 앞을 향해서 걸어가면서 기도했다.

"주여!!"!
"우리 팀을 살려 주십시오. 주여! 주여!"

얼마나 내려 왔을까? 갑자기 우리 앞에서 인기척이 났다. 내 심장은 급하게 뛰었다. 온갖 생각들이 내 머릿속을 지나갔다. 급한 걸음을 멈추고 숨죽이고 조용히 인기척이 나는 곳으로 몸을 돌렸다.

"휴~"

다행히 아주 작은 네팔 원주민이었다. 우리는 반군이 아닌 것에 안도의 한숨을 내쉬며 그를 쳐다봤다. 낡은 옷에 신발도 신고 있지 않았다. 선교사님과 현지 사역자를 통해 우리의 사정을 이야기해 주었더니 망설임 없이 아주 희미한 손전등 하나를 손에 쥐어 주며 따라오라고 했다. 그는 우리 일행보다 3m 정도 앞서가며 우리를 안내했다. 꽤 오랜 시간 동안 그는 우리를 산 아래까지 안내했다. 산을 다 내려와서는 우리에게 잘 가라고 손짓을 하며 우리가 가는 반대 방향으로 사라졌다. 반군이 쫓아오

지 않는다는 확신이 들자 마음이 진정되고 정신을 차릴 수 있었다. 그제
야 산 속에서 우리를 도와준 그 원주민이 너무나 신기했고, 감사했다. 우
리가 지나온 산길은 마을도 없었다. 아무리 원주민이더라도 그 늦은 밤
그곳을 지나간다는 것이 선뜻 이해가 되지 않았다. 더구나 우리의 사정
이 위급하더라도 오랜 시간 동안 우리를 안내해주고 우리가 왔던 반대방
향으로 유유히 사라져 버렸으니 어떻게 설명할 수 있을까. 그 순간 '하나
님께서 보내주신 천사였구나' 하는 생각이 들었다. 하나님께 눈물을 흘
리며 얼마나 감사의 기도를 했는지 모른다.

"아! 하나님 감사합니다."
"하나님은 살아계시는군요."
"주님, 주님, 감사합니다."

우리의 길을 인도하시는 하나님

반군을 피해 쉬지도 않고 오랜 시간 산길을 계속 뛰다시피 내려와서 인솔자인 목사님은 탈진해서 쓰러졌다. 그곳은 외딴 지역이고 인근에 마을도 없어 조금 쉬며 그곳에서 선잠을 자고 동이 틀 때까지 있어야 하나, 아니면 조금 더 힘을 내서 목적지까지 이동을 해야 하나 고민했다. 그때 현지 사역자가 한 시간 정도 더 걸으면 목적지라는 말에 조금이라도 빨리 안전한 목적지까지 가야겠다고 결심했다. 그러나 내 아내가 아픈 목사님 때문에 강행할 수 없다고 했다. 할 수 없이 우리는 그곳에서 하룻밤을 보내기로 했다. 길가에서 하룻밤을 보낼 수 없어서 주변을 둘러보다가 길가에 있는 작은 농가를 발견했다. 집 주인에게 하룻밤을 묵을 수 있는지 물어보고 그 집에서 동이 틀 때까지 잠시 쉴 수 있었다. 탈진하신 목사님은 권사님들이 오랜 시간 동안 팔 다리를 주무르자 의식이 돌아왔다.

동이 트고 보니 그 집은 남자 무당이 살고 있는 집이었다. 그 무당은 태어나서 지금까지 머리와 수염을 단 한 번도 자르지도 않고 씻지도 않은 사람이었다. 우리가 밤새 그 집에 머무르는 동안 김원식 선교사님은 밤새 한숨도 주무시지 않고 무당과 이야기를 나누며 복음을 전했다. 다음 해에 들으니 그 무당이 복음을 받아들여서 하나님을 믿는 사람이 되었다고 한다. 그 곳에 잠을 자게 된 것도 하나님께서 한 영혼을 구원하기 위하여 우리를 그곳으로 인도하신 것임을 알게 되었다.

그 날 만약에 목사님이 쓰러지지 않았다면 어떻게 되었을까? 우리는 원래 가려고 했던 목적지를 향해 갔을 것이다. 들은 이야기로, 우리가 가려고 했던 목적지에 여러 명의 반군이 우리를 공격하기 위해 숨어있었다고 한다. 목사님이 탈진해서 어쩔 수 없이 무당의 집에서 하룻밤을 머물게 됐는데, 자연스럽게 반군의 습격을 피할 수 있게 되었다. 하나님께서 우리의 모든 길을 아시고 우리의 모든 계획을 하나님의 방법으로 인도하심을 고백할 수 있었다. 지금도 살아 역사하시는 하나님께 감사의 기도를 했다.

시작부터 우리의 계획대로 이뤄지지 않자 우리가 계획했던 선교 사역의 모든 일정들을 어떻게 해야 할지 혼란스러웠다. 솔직히 말하면 두려웠다. 하지만, 사람이 모든 계획을 할지라도 주님이 함께하시지 않으면 아무것도 할 수 없음을 고백하며 회개기도를 했다.

고린도교회 사역자 우덥싱 따망

이런저런 고민을 하고 있는 나에게 현지 사역자가 다가왔다. 그가 나에게 근처에 다른 현지 사역자가 있는데, 열정적으로 사역을 하고 있다고 말했다. 그리고 그곳으로 가서 우리가 원래 자물린의 고향에서 하려고 했던 예배와 축호전도 사역을 하면 좋겠다고 제안했다. 순간 앞으로 어떻게 하면 좋을지 고민하고 있는 나에게 하나님께서 이곳으로 인도하시는 음성이라고 생각했다. 나는 그 음성에 응답하고 그에게 그곳으로 가자고 했다.

우리가 도착한 곳은 고린도교회였다. 그곳의 사역자는 우덥싱 따망이었다. 우덥싱 따망은 우리에게 자신이 겪었던 하나님의 역사하심을 간증했다.

그가 있는 곳은 마을 주민 대부분이 신실한 불교 신자마을이었다. 마을 주민들은 불교가 아닌 다른 종교에는 과격하게 배척했다. 우덥싱 따망이 그 마을에서 제일 먼저 예수를 영접하고 동네에서 복음을 전하기 시작했다. 주민들은 그를 협박하고 핍박했다. 정말 말로 표현할 수 없을 정도로 견디기 힘든 삶을 살았다고 한다. 그럼에도 굴하지 않고 그는 계속 복음을 전했다. 마을 사람들을 사랑했기에 그들이 예수님을 믿고 구원받기를 원했기 때문이었다.

어느 날 밤, 마을 사람 중 몇 명이 협박과 핍박에도 계속 복음을 전하는 그를 납치했다. 산 속으로 끌고 가서 복음을 전하지 말라면서 몽둥이와 발과 주먹으로 그를 때렸다. 그들이 말하길 '이제 죽었구나' 하는 생각이 들 정도로 오랜 시간 폭행을 했다. 마을 사람들은 그가 죽었다고 생각하고 산에서 내려와 흩어져 각자 자기 집으로 갔다. 그 중 한 사람이 시신이라도 가족에게 보내야겠다는 생각에 다시 산으로 올라가 그를 끌고 내려와 동네 근처에 버렸다. 그런데 하나님께서는 그의 생명을 지키셨다. 폭력을 행했던 사람들이 죽었다고 생각했던 그가 죽지 않고 살아있었다. 하지만 그때 폭행의 후유증으로 걸음을 제대로 걷지 못했다.

우덥싱 따망은 네팔에서 낮은 계급인 사람이었다. 하나님께서 낮은 계급에 있는 그를 주의 종으로 사용하시려고 그에게 치유 은사, 방언 은사, 예언 은사 등 많은 은사를 주셨다. 하나님은 그를 통해 많은 일들을 행하셨다. 특별히 치유 은사를 통해 많은 기적들이 일어났고, 소문이 났는

지 이웃나라인 인도까지 초청되어 집회를 했다. 집회에 참여한 수많은 사람이 주님의 자녀로 돌아왔고, 많은 사람이 병 고침을 받는 역사가 있었다고 한다. 하나님께서 그를 살려주신 것은 그를 통해 이루실 하나님의 계획이 있었던 것이었다.

그를 죽을 만큼 때렸던 사람들은 어떻게 됐을까? 그들은 현재 이웃마을에 있는 교회를 다니고 있다. 산에서 죽었다고 생각하고 우덥싱 따망를 끌고 내려온 사람은 그 지역에서 제일 큰 교회인 아비셀교회 담임목사님으로 섬기고 있다. 하나님의 역사는 우리가 상상할 수 없음을 고백하는 시간이었다.

고린도교회에 도착했을 때 우덥싱 따망은 땅을 다지고 건물의 터를 닦고 있었다. 내가 터 위에 무엇을 지으려고 하는지 물었다. 그는 교회를 건축할 예정이라고 했다. 그는 교회 건축을 위해 일주일을 작정하고 산에 올라가 금식 기도를 드리던 중이었는데, 기도 중에 마을로 돌아가면 귀한 손님을 만날 것이라는 음성을 듣고 3일 만에 급히 내려와서 기다리고 있었다고 했다.

그의 말을 듣고 나는 생각했다.

'아니 이게 어떻게 된 일인가? 우리의 계획에는 이 마을의 사역은 예정에도 없었던 곳이었는데. 반군에 쫓기어 여기까지 오게 된 것인데, 하나님께서 우리를 이곳으로 인도하셨구나!'

나는 우리 선교팀의 일정에 역사하는 하나님을 계속 경험하고, 하나님께서 현지 사역자의 간절한 눈물의 기도를 들으시고, 하나님께서 우리를 이곳으로 인도하셨음을 믿었다. 우리는 현지 사역자에게 교회 건축에 대한 설명을 듣고, 아마도 교회 건축을 위해 우리를 이곳까지 인도하신 것은 아닌가 하는 생각에 성전 건축비가 어느 정도 되는지 물었다. 사역자가 말하길, 문틀과 돌은 준비되어 있다고 했다. 네팔의 집 건축 방식은 돌과 흙으로 벽을 쌓아 만드는 방식으로 건물을 짓는다. 그것을 제외하고 약 1,400만 원 정도면 가능하다고 했다. 생각했던 것보다 큰 금액이

라서 그 자리에서 바로 확답을 할 수 없었다. 하나님께 기도해보자고 말만 하고 헤어졌다. 그곳을 떠나 다른 장소로 이동하면서 한상웅 장로님과 이야기를 하면서 청년부가 이 정도의 금액은 충분히 감당할 수 있다는 결론에 도달했다. 그 순간, 하나님께서 우리가 계획한 대로 일정이 순조롭게 진행되지 않았지만, '하나님의 큰 뜻을 이루기 위해서 이곳으로 보내셨구나' 하는 생각을 했다.

선교 현장에서 준비 부족, 경험 부족으로 발생한 많은 실수, 그리고 미숙한 선교 사역 속에서도 하나님께서는 우리 선교팀과 함께 계셨다. 이런 경험을 기반으로 좀 더 잘 준비해서 주님께 영광을 올리고 네팔 땅이 주님의 나라가 되기를 조금이나마 힘이 되기를 기대하는 마음으로 귀국 길에 올랐다.

인천공항에서 교회로 향하는 버스 안에서 청년들과 네팔에서 만난 하나님의 은혜를 우리만 간직하지 말고, 내 주변에 있는 모든 사람에게 선한 영향력을 끼치는 삶을 살자고 이야기했다. 이렇게 2기 선교를 마무리했다.

단기선교를 마치고 담임목사님께 현지 사항을 보고하면서 교회 건축비에 대한 설명을 드렸고, 목사님은 좋은 생각이라고 흔쾌히 허락하셨다. 이렇게 우리 교회에서 처음으로 해외에 짓게 된 교회가 바로 고린도교회였다.

청년 임원들에게 고린도교회의 건축비에 대해 이야기를 하고 2개월 동안 열심히 기도했다. 하나님께서는 우리의 간절한 기도를 들으시고 고린도교회 건축헌금을 넘치도록 주셨다. 고린도교회를 건축하고 교회 하나를 더 지을 수 있을 만큼 귀하고 소중한 헌금이었다. '이 얼마나 감사한 일인가!' 작은 소리에도 응답하시는 하나님께 감사와 찬양의 기도를 드렸다.

"아멘! 할렐루야~~~"

교회 건축은 지체없이 진행되었다. 네팔 선교사님과 의논하여 현지에 건축헌금을 보내고 교회 공사가 빠르게 진행되었다. 그렇게 청년들과 교인들이 기도하고 헌금하여 지은 교회가 지금까지 열 교회나 된다. 그 후부터 나는 지금도 "살아서 역사하시는 주님"이라는 말을 많이 사용한다.

점점 업그레이드 되는 단기선교

2007년 한 해를 쉬고, 2008년 떠날 네팔 단기선교 3기를 모집했다. 모두 17명이 참여했다. 네팔 선교를 위한 준비를 다시 시작했다. 두 번의 경험을 통해 현지에 필요한 물품들을 준비했다. 가장 먼저, 현지 사역자를 위한 겨울용 잠바를 준비했다. 1기, 2기 때 보여진 현지 사역자들의 옷이 너무 얇고 낡아 초라한 모습이었다. 교인들 앞에서 사역자들의 사기와 교인들이 사역자에 대한 존경심을 가지길 원하는 생각으로 준비한 선물이었다. 또 장로님 한 분이신 홍성환 장로님께서 시계 10세트 정도를 기증해주셨다. 너무 귀한 섬김이기에 예배 시간에 교인들 앞에서 기증식을 진행했다. 사실 한 동네에서 함께 생활하다가 어느 날 갑자기 사역자가 된 경우 사역자의 권위가 세워지기 힘들다. 교인들이 사역자를 존경하기도 쉽지 않다. 겉으로 보이는 것이지만, 이런 것들을 통해서 현지 사역자들이 목회하는 데 도움이 되기를 바라는 마음으로 준비했다. 단기선교마다 현지 사역자를 위한 선물은 반응이 좋아서 이때부터 지금까지 계속하고 있다.

예배당 뒤에 걸 십자가도 준비했다. 그 과정이 만만치 않았지만, 한국에서 준비해서 간다는 자체로 큰 의미가 있다. 그리고 산악 전문용품을 파는 매장에서 이동용 정수기를 준비했다. 1기, 2기까지는 생수를 카트만두 시내에서 구매한 후 세르파가 운반했다. 그 덕분에 우리가 필요할 때마다 마셨는데, 우리가 이동한 곳은 험한 곳이었기 때문에 그 어려움은 이루 말할 수가 없었다. 20L 대용량 물병에 물을 채우고 가는 것을 세르파들이 괜찮다고 이야기하지만, 시간이 지나면서 물의 양이 줄면 물통 안에 있는 물이 심하게 출렁이면서 세르파들이 비틀거리기 일쑤였다. 낭떠러지 같은 길을 걸을 때는 낙마할 위험이 컸다. 이동용 정수기는 선교 기간중에 그 진가가 발휘됐다. 빈 정수기만 운반하기 때문에 운반할 때 안전했고, 물을 구입하는 비용이나 세르파에게 지급하는 비용을 절감했다. 현지에서 물도 여유있게 사용할 수 있어서 편하고 만족스러웠다.

이번 사역은 고산지대를 가기 때문에 식사를 준비하는 것이 가장 힘든 일이었다. 가스를 사용할 수 없어 주변에 나무를 주어 불을 피워야 했다. 그래서 준비한 것이 화덕이었다. 고산지대에서 사용할 맞춤형 화덕를 만들었다. 화덕를 만든 이유는 많은 인원이 먹어야 했기 때문에 큰 솥을 올라놓을 화덕이 필요했다. 계속 이동해야 했기 때문에 큰 돌을 구해서 화덕을 만들어야 하는데, 산불도 걱정이 되고 돌을 구해 화덕을 만드는 시간이 오래 걸렸다. 그래서 동그란 통을 잘라서 만들었는데 공항에서 통과과정이 쉽지 않았다. 인천공항에서는 박스에 포장한 것을 열어서 확인했고, 현지 공항에서도 확인 절차를 받아야만 했다.

3기 사역은 오지에 있는 원주민들에게 가족사진과 독사진을 찍어 인화지에 출력해서 주는 사역을 준비했다. 약 1,000매를 준비했는데, 생각밖에 큰 호응을 받았다. 특히 초등학교 교사에게 큰 호응이 있었다. 교사 단체 사진을 찍어 즉석 인화를 해 주니 더욱 인기가 높았다. 오지에 있는 원주민 대부분이 카메라조차 처음 보는 사람들이었고, 사진을 찍고 즉석에서 사진을 인화하는 모습을 구경하느라 장사진을 이루었다. 그중에는 태어나서 자신의 얼굴을 처음 사진으로 보는 사람들도 있었다고 선교사님을 통해서 들었다. 고산지대의 오지였기 때문에 집에 거울조차 없는 집들이 대부분이었다. 사진 한 장에 너무나 행복해하는 그들의 모습에 우리 팀도 뿌듯하고 행복했다.

우리 팀의 식사 인원은 약 25~30명이었다. 고산지대의 오지였기 때문에 식당이나 가게가 없었고, 네팔 음식에 들어가는 향신료 때문에 먹기에 어려움을 호소하는 팀원들이 있었다. 또 현지인들의 주방은 워낙 위생 상태가 좋지 않았기 때문에 매번 끼니를 직접 준비해야만 했다. 매일 세 끼를 준비하기 힘들기 때문에 국내에서 밑반찬을 준비했다. 많은 양의 밑반찬은 매년 출국하기 전날에 많은 권사님들과 집사님들이 만들어주셨다.

어느 단기선교든지 많은 양의 짐을 가지고 가기 때문에 항상 공항에서 수하물을 보내는 것부터 전쟁이다. 비행기 기내 수화물 용량은 1인당 15KG인데, 개인 물품과 현지 사역자들 선물, 어린이 사역에 필요한 물품과 선물, 그리고 기타 물품과 주방용품까지 가지고 가야 하니 항상 수화물 용량이 초과였다. 선교 기간 동안 필요한 쌀이 약 80KG인데, 도저히 가지고 갈 수 없었다. 결국 쌀은 현지에서 구입해서 먹었다. 항공사 직원에게 봉사하러 간다고 이야기해서 초과하는 무게를 감면해 주시기도 했다. 하지만, 많은 경우 초과한 무게에 따라 초과 금액을 내야만 한다. 비용을 줄이기 위해서 옷을 이중삼중 입고 출국장을 나가는 때도 있다.

1기, 2기 때와 비교해서 준비 과정이 훨씬 탄탄해졌다고 생각했다. 하지만 매년 갈 때마다 부족한 것들이 생기고, 시행착오를 겪으면서 선교지에서 필요한 것들을 준비하게 됐다. 그렇게 단기선교 기수가 늘어날 때마다 조금씩 업그레이드가 진행됐다.

허리를 숙여야만 들어갈 수 있는
아비셀교회

2008년 1월 29일, 네팔 단기선교 3기가 시작되었다. 3기 사역은 카트만두에서 버스로 5시간 정도로 이동한 후, 개조한 트럭으로 환승해서 약 4시간 동안 오지로 들어갔다. 그리고 3시간을 더 걸어서 도착했다. 이동시간만 12시간이 걸렸다.

처음 간 곳은 그 지역에 처음 세워진 아비셀교회였다. 아비셀교회의 입구는 매우 낮아서 사람들이 허리를 구부려야만 들어갈 수 있었다. 교회 안으로 들어간 순간, 나는 숨이 '턱' 막혔다. 교회 내부 바닥은 흙이었고, 멍석을 깔아 자리를 만들었다. 숨쉬기도 힘들 정도로 자욱한 흙먼지가 가득한 교회 안에서 앉아 있는 것만도 쉽지 않았다. 동네 사람들이 외국인이 왔다는 소식을 듣고 교회로 모여들었다. 교회 안은 몸을 움직일 수 없을 정도로 사람들로 붐볐다. 비좁은 공간에 사람들로 꽉 차자 지독한 냄새가 심하게 진동했다. 얼마나 심한지 머리가 아프고 구토가 나올 정도였다. 그곳에서 첫 예배를 드렸다. 코를 막고 예배를 드리고 싶은 마음이 간절했지만, 주변 사람들의 시선을 의식하며 예배에 집중했다. 다행히 시간이 조금 지나자 적응이 되었는지 어느 정도 참을 정도가 됐다. 예배가 끝난 후 입안이 모래 맛이 날 정도로 껄끄러웠다. 침을 뱉으니 시커먼 먼지가 함께 나왔다. 코가 너무 간지러워서 코를 푸니 하얀 휴지 조각이 새까매졌다.

이렇게 열악한 환경 속에서도 현지인들과 함께 드린 예배는 뜨거웠고, 예배를 사모하는 그들의 마음은 너무나 아름다웠다. 말씀과 찬양을 대하는 간절한 그들의 모습에 은혜가 되는 시간이었다. 그들의 열정과 예배에 대한 사모하는 마음을 배워야 하겠다는 다짐을 했다. 우리 팀들은 그들의 간절함과 뜨거운 예배의 모습을 보며 열악한 환경을 탓하며 불평했던 모습에 고개를 들 수가 없었다. 좋은 환경에서도 핑계거리를 대며 예배에 소홀했던 우리의 모습을 회개했다.

예배 후에 환자를 위해 기도하는 시간을 가졌다. 그 시간 그곳에서 성령의 도우심으로 여러 사람이 고침을 받는 역사가 일어났다. 은혜로운 첫 예배를 드리고 마무리 기도회로 첫날 여정을 마쳤다. 잠을 자기 위해 교회 흙바닥에 몸을 의지했다. 언제 흙바닥에서 잠을 잔 적이 있는지 생각해봤다. 아무리 생각해도 군 생활하면서 훈련을 받았던 때 이후로는 없

었던 것 같다. 해발 2,000미터가 넘는 고산지역인 그곳은 밤에 영상 5~7
도까지 떨어졌다. 영하의 날씨는 아니었지만, 흙바닥에서 올라오는 냉기
는 온 몸을 굳게 했다. 내복을 입고 바지를 두세 겹 입고 준비한 침낭을
덮고 잠을 청했다. 온 몸이 피곤함에도 춥고 딱딱한 바닥에 흙먼지까지
날려 한참을 뒤척거리다가 겨우 잠이 들었다.

다음날 아침 일찍 일어나 산 아래를 보니 우리 발아래로 구름이 가득
했다. 마치 구름 위에 우리가 서 있는 듯했다. 산골짜기에 있는 계곡 밑에

서 올라오는 구름은 처음 보는 광경이었다. 말 그대로 장관을 이루었다. 그 아름다움을 뒤로 하고, 2기 청년들과 함께 기도하면서 건축한 고린도 교회를 향해 발걸음을 옮겼다.

안양제일교회가 해외에 지은 첫 교회, 고린도교회

아베셀교회를 떠나 2시간 정도 걸어서 고린도교회에 도착했다. 나는 3기 팀원들에게 고린도교가 세워진 배경을 이야기했다.

"여러분, 우리 교회 청년들의 기도와 헌금으로 세워진 교회가 바로 이 교회입니다."

그리고 우리가 직접 준비해 가지고 온 십자가를 강대상 뒤에 걸고 주님께 영광의 박수를 올려 드렸다. 강대상 중앙에 걸린 십자가를 보면서 주님의 사랑에 가슴이 벅차오르며 눈물을 흘렸다. 정말 감격스럽고 감사한 순간이었다. 지금도 그때를 생각하면 눈시울이 붉어진다.

　　고린도교회 사역자는 불교가 강한 지역에서 복음을 전하면서 받은 핍
박과 고난 속에서도 믿음을 지켜온 자신의 삶을 간증했다. 또한 그곳 문
화와 역사 그리고 마을 주민들에 대한 이야기도 했다. 네팔 선교를 위해
꼭 필요한 정보들을 줘서 우리에게 많은 도움이 되었다.

　　저녁집회를 위해 청년들은 준비하고, 몇몇은 식사준비를 도왔다. 어두
워지기 전에 식사를 마쳐야 했기 때문에 서둘러 식사를 마쳤다. 아직 집
회를 시작하기 전임에도 마을 사람들이 모이기 시작했다. 저녁 6시가 되
지 않았는데도 산세가 험하고 깊기 때문에 다른 지역보다 어두움이 빨리
찾아왔다. 서둘러 준비를 마치고 네팔어 찬양과 율동을 시작으로 저녁집
회의 장을 열었다. 고린도교회에서 드린 저녁집회는 전날 아비셀교회에서
드린 예배보다 더욱 뜨거웠다. 얼마나 많은 사람들이 모였는지 교회 안
으로 다 들어가지 못하고 마당에서 함께 예배를 드렸다. 집회 중에 많은

마을 사람들이 우상을 버리고 주님의 자녀가 되겠다고 무릎을 꿇었다. 주님을 영접한 이들에게 치유의 역사가 일어나기도 했다. 은혜로운 시간을 통해 우리는 하나님의 성령이 그곳에 함께하심을 체험했다. 성령이 역사하시는 예배를 주님께 드렸다.

은혜로운 시간이 지속되면서 청년들의 표정이 조금씩 변하기 시작했다. 처음에는 낯선 환경과 사람들 때문에 두렵고 어색한 표정이었다. 현지인들에게 다가가기 힘들어 하는 청년들도 있었는데, 현지인에게 먼저 다가가 안아주기도 하고 말은 통하지 않지만 진심으로 그들을 위해 기도하기 시작했다. 나는 청년들의 모습을 보면서 '천사가 있다면 바로 저런 모습이 아닐까' 하고 생각했다.

청년들이 처음에는 쭈뼛거리며 형식적으로 부르던 네팔어 찬양 소리도 날이 갈수록 더욱 힘차게 불렀다. 선교지에 도착해서 초반에는 작은 소리로 기도하던 청년들이 집회가 계속 될 때마다 남을 의식하지 않고 더 큰 목소리로 하나님께 기도했다. 청년들은 눈물 콧물이 범벅이 되어도 모를 정도로 뜨겁게 찬양하고 기도했다. 이런 모습을 보면서 하나님께 감사드렸다.

귀신들린 청년을 만나다

고린도교회에 우덥싱 따망 사역자가 그 마을에 귀신 들린 청년이 있다고 했다. 얼마나 난폭한지 집안에도 있지 못하고 집 밖 지붕 밑에 있는 기둥에 개 줄처럼 쇠사슬로 목을 묶어두었다고 했다. 나는 얼마나 난폭하면 그렇게까지 할까 하는 생각과 함께 궁금증이 생겼다. 그 청년이 불쌍한 생각도 들었다. 사역자의 인도로 청년을 보러 간 나는 너무 깜짝 놀랐다. 청년들도 큰 충격에 빠진 것 같았다. 귀신 들린 청년은 막연히 생각했던 것보다 상태가 심각했다. 제대로 먹지 못해서 매우 허약한 모습이었다. 마치 가족들이 그 청년의 난폭함에 도저히 손을 쓸 방법이 없어서 죽기를 바라며 끼니도 제대로 챙겨주지 않고 있는 것 같았다. 우리가 접근 하니까 얼마나 난리를 치는지 청년들은 옆에 가지도 못하고 서 있었다. 정말 한 마리의 맹수 같았다.

하나님을 믿는 우리를 보고 더욱 귀신이 반항하는 것 같아 나는 용기를 내어 그 청년의 어깨에 손을 대고 전도사님 그리고 장로님과 선교사님과 함께 기도를 시작했다. 기도가 시작되고 얼마 지나지 않아 그 청년이 입에 거품을 물고 이를 갈면서 발버둥을 쳤다. 성인 5명이 붙잡고 기도하는데도 그를 붙잡고 있을 수가 없었다. 성경에서 본 귀신 들린 자가 얼마나 힘이 센지 몸으로 느낄 수 있었다. 우리는 당황하지 않고 계속 기도했다. 시간이 얼마나 흘렀는지 모를 정도로 땀과 눈물이 뒤범벅이 되었다. 불쌍한 영혼을 살려달라고 기도했다.

"주님! 이 영혼을 고쳐 주세요!"
"나사렛 예수의 이름으로 명하노니 귀신은 떠나갈지어다!"

한 시간이 훨씬 지나서야 몸부림이 멈추기 시작하고 얌전해졌다. 맹수같이 소리치며 몸부림치던 눈빛이 순한 양의 눈빛으로 변했다.

'하나님이 역사하셨다!'

그 청년에게 우리가 준비한 간식을 먹이고 물을 주었는데, 얼마나 목이 탔는지 큰 물병 하나를 다 마셨다. 그 청년이 진정되고 그의 부모에게 야외에 묶어두는 방법 말고 다른 방법은 없었냐고 물었다. 부모는 그 청년이 얼마나 난폭한지 지나가는 사람들에게 돌을 던지고, 어느 날에는 낫

을 들고 사람을 죽인다고 쫓아다녀서 다른 방법이 없었다고 했다. 그 지역은 워낙 오지이기도 하지만 가난한 형편으로 병원을 데리고 갈 생각조차 못했다.

우리는 다음 일정 때문에 더 이상 함께 할 수가 없었다. 그의 부모에게 음식을 먹이라고 약간의 돈을 전달하고 계속 그를 위해서 기도하겠다고 말하고 헤어졌다. 하루 종일 산행 중에도 그 청년이 머릿속에서 떠나지를 않았다.

'하나님! 그 영혼 꼭 지켜 주세요.'

한국에 돌아와서도 그 청년을 위해서 기도했다. 지금 그 청년이 어떻게 됐는지 알지 못하지만, 하나님께서 그의 영혼을 지켜주셨을 것이다.

환자를 위한 기도회를 연 에벤에셀교회

우리는 고린도교회를 떠나 다음 사역지를 향해 발걸음을 옮겼다. 약 5시간의 산행 끝에 쌍룡 마을에 있는 신길 에벤에셀교회에 도착했다. 우리가 오기 전에 현지 사역자에게 교인들에게 식사를 대접하고 싶다고 했는데, 우리가 도착하니 이미 교인들이 함께 모여 식사 중이었다. 그들은 땅바닥에 쭈그려 앉아서 손으로 밥을 먹고 있었다. 언제 손을 씻었는지 알수 없을 정도로 손이 더러웠다. 네팔의 오지는 고산지대이기 때문에 대부분 물이 엄청 귀하다. 네팔, 특히 오지에 사는 남자들은 경제활동이나 농사를 짓지 않는다. 여자들이 아이들을 업고 농사도 짓는다. 가정일이며 자녀 양육도 여자들의 몫이었다.

우리 팀도 식사를 마치고, 현지 사역자와 동네를 한 바퀴 돌며 사물놀이를 했다. 마을 사람들의 시선을 끌며 저녁집회가 있다는 것을 알리기 위한 홍보였다. 저녁집회가 시작하기 전부터 사람들이 몰려왔다. 교회는 발 드려놓을 자리도 없이 꽉꽉 찼다. 늦게 온 사람들은 집회에 참여하고 싶은 마음에 교회 앞마당은 물론 옆집 지붕 위까지 올라가 예배에 참여 했다. 우리 선교팀이 한국에서 선교 사역을 준비하면서부터 '우리가 가는 곳마다 주님이 예비하신 많은 영혼을 보내달라'는 기도를 드렸는데, 가는 곳마다 많은 사람들이 함께해주셨다. 하나님께서 우리의 기도를 들으시고 보내신 응답이라고 생각한다.

저녁집회가 밤 10시가 넘어서 끝났는데, 사람들은 가지 않고 우리를 계속 쳐다보고 있었다. 우리는 너무 민망해서 현지 사역자에서 모든 집회가 끝났으니 집으로 돌아가도 된다고 통역해달라고 했다. 현지 사역자의 말을 들은 사람들 중 약 70명은 우리에게 기도를 받고 가야겠다면서 자리를 뜨지 않고 계속 앉아 있었다. 그들 대부분은 몸이 아픈 환자들이었다. 내일 사역을 위해서 점검하고 마무리 기도까지 하려면 밤 12시를 넘겨야 하는 상황이었다. 사람들이 가야 하루의 일정을 마무리하고 잠자리에 들 수 있는데, 난감했다. 우리의 마음은 아랑곳하지 않고 마을 사람들은 갈 생각이 전혀 없어보였다.

나는 2살부터 지금까지 전통적이고 보수적인 안양제일교회를 다니고 있다. 통성기도를 하고 기타와 드럼을 치며 큰 소리로 찬양하는 것조차 금기시되었던 정말 보수적인 예배에 익숙했었다. 더구나 환자를 위한 안수기도는 익숙하지 않았다. 어찌할까 망설이다가 선교사님과 의논하여 환자를 위한 기도회를 열었다. 함께한 이들은 몸이 아파도 병원조차 갈 수 없는 가난하고 열악한 환경에서 살고 있는 사람들이었다. 그들에게는 해외에서 온 선교팀의 기도를 받으면 아픈 곳이 나을 것이라는 믿음이 있었다. 한 사람, 한 사람에게 어디가 아픈지 듣고 안수기도를 했다. 아픈 곳이 다양했다. 머리가 아파서 제대로 걷지 못하는 분, 허리가 아픈 분, 다리가 아파서 서 있을 수 없는 분, 배가 아픈 분, 눈이 아파서 제대로 보지 못하는 분, 얼마나 다양한지 다 쓸 수 없을 정도였다. 약 70명의 사람들을 위해 기도하다보니 많은 시간이 필요했다. 기도를 시작한지 두 시간 정도 지나자 몸은 땀으로 흠뻑 젖었다. 그분들의 간절한 기도와 지붕 위에서라도 예배를 드리고자 하는 마음, 그리고 주님이 아픈 곳을 낫게 해주실 것이라는 믿음을 주님께서 외면하지 않으시리라는 간절한 마음을 담아 기진맥진할 정도로 온 힘을 다해 기도했다. 간절한 우리 모두의 기도를 주님께서 응답해주셨다.

나중에 현지 사역자를 통해 선교사님께 전해 들은 소식에 의하면, 그날 집회에서 기도한 사람들 중에 60명 이상이 기도의 응답을 받았다고 한다. 나는 선교사님에게 두 번, 세 번 묻고 또 물었다.

"선교사님! 정말이에요?"
"거짓말 아니에요?"
"어떻게 기적 같은 일이 60명에게 일어나요!"

내가 선교사님께서 되물은 이유는 믿음으로 기도했지만, 내 깊은 곳에서는 하나님께서 당연히 그렇게 해주실 것이라는 확고한 믿음이 없었기 때문이다. 선교사님의 전언에 나의 연약한 믿음이 또 한 번 드러났다. 현지 사역자와 마을 사람들이 선교사님에게 거짓말을 하는 것이 아닌지 의심했다. 하지만 그 순간 문득 요한복음 20장 27절 말씀이 떠올랐다.

"도마에게 이르시되 네 손가락을 이리 내밀어 내 손을 보고 네 손을 내밀어 내 옆구리에 넣어보라 그리하고 믿음 없는 자가 되지 말고 믿는 자가 되라"(요 20:27).

주님이 부활하신 것을 의심한 도마의 믿음. 주님의 손과 발에 못 자국을 보고서야 인정한 도마. 나는 이런 도마의 믿음보다 더 나약한 믿음을 가지고 있음에 정말 부끄러웠다. 이런 믿음으로 장로의 직분을 감당하고 있다니. 주님께서 고쳐주실 것이라고 믿고 기도했는데, 그리고 기진맥진할 정도로 온 힘을 다해 기도했는데, 내가 흘린 땀과 눈물의 기도를 주님께서 들어주셨는데, 왜 나는 감사하지 못하고 의심을 하는가?

요한복음의 말씀이 떠오른 순간, 주님 앞에 엎드려 눈물로 회개했다. 그리고 하나님께 감사의 기도를 드릴 수 있었다. 의심 많은 나에게 하나님은 이런 방법으로 나의 부족한 믿음을 알게 하시고, 조금씩 채워주셨다. 오순절에 마가의 다락방에 임하셨던 불같은 성령의 역사가 임했던 것처럼 에벤에셀교회에서 치유를 위한 기도회를 열고 그 기도가 응답되는 것을 보면서 나의 믿음은 다시 뜨거워졌다. 에벤에셀교회는 많은 기도의 응답으로 많은 사람들이 교회에 등록했다고 한다. 에벤에셀교회의 집회는 놀라운 체험이었고, 우리에게는 너무나 큰 은혜에 시간이었다.

"감사, 감사합니다!"
"오늘도 살아 계셔서 역사하시는 주님!"
"감사합니다."

내 마음에 품은 세르뚱 마을

에벤에셀교회를 출발하여 다음 사역지로 향했다. 걸어서 8시간 정도 산위로 올라가야하는 더 깊은 오지였다. 한참을 걷다 어느 마을을 지나 갔다. 그 마을은 예전에 이름 모를 선교사님이 원주민들에게 복음을 전 하다가 돌에 맞아 순교한 곳이라는 이야기를 들었다. 그 이야기를 듣고 우리는 그냥 지나칠 수가 없었다. 길거리에서 집회(일명 게릴라 집회)를 열었 다. 게릴라 집회는 이동하다가 계획 없이 주님이 마음을 주시면 어디서든 집회를 하는 것을 말한다. 이러한 집회를 통해 여러 명의 현지인들이 주님 을 영접했다.

예기치 않은 길거리 집회로 시간이 지체되어 그날 우리의 목적지인 까미 교회까지 갈 수 없었다. 해가 지고 어두워져 더 이상 갈 수 없었다. 밤길 에 이동하는 것은 위험했고, 팀원 대부분이 지쳐 밤을 지새울 곳을 찾아

야 했다. 세르뚱 마을 근처에 어느 작은 외딴집을 발견하고 그 집에 머물
렀다. 많은 인원이 머물 수 있는 곳이 없어서 곡식 창고인 다락방을 정리
하고 잠자리에 들었다. 아침에 일어나 보니 우리 옆에 큰 쥐가 죽어 있어
서 얼마나 놀랐는지 아비규환이 따로 없었다. 먼지는 목이 따가울 정도
로 수북이 쌓여 있었고, 도저히 맨 정신으로 잠을 잘 수 없는 장소였지만,
아무 불평 없이 따라준 팀원이 너무 고마웠다.

　　아침 일찍 그곳을 떠나 세르뚱 마을에 도착했다. 이곳에는 내게 큰 의미가 있는 교회가 있다. 2년 전, 세르뚱 마을에서 집회를 드리려고 했다. 하지만 현지 사역자가 주민들이 타종교에 대해 매우 배척하는 곳이라서 위험하다면서 다른 곳으로 가자고 했다. 그때까지 네팔 어느 곳을 가든지 마음만 먹으면 집회는 열 수 있었는데, 그의 말을 듣고 '이게 무슨 말인가?' 하는 생각을 했다. 네팔에는 대략 1억 3천 개나 우상이 있다고 한다. 그런데 타종교를 이렇게까지 배척한다는 말에 아쉬웠다. 하지만 선교팀을 위험에 빠뜨리고 현지 사역자의 말을 무시할 수 없었기에 아쉬움을 뒤로 하고 산을 올랐다. 산 정상에 올라갔을 때 지나온 그 마을을 돌아보면서 '이 산지를 내게 주소서'를 찬양하며 합심으로 기도했다.

　　다음 해에 네팔을 방문했을 때, 현지 사역자가 내게 찾아와 한 가지 부탁이 있다고 말했다.

"장로님, 교회를 하나 세워주면 좋겠습니다."

"그래요? 그곳이 어디예요?"

현지 사역자가 말한 그곳이 어디였겠는가? 맞다. 바로 '이 산지를 내게 주소서'를 부르며 기도했던 그 마을, 세르뚱 마을이었다.

"아!"

순간 소름이 돋으며, 나도 모르게 소리를 질렀다. 세르뚱 마을의 교회

터를 보는 순간, 내 이름으로 교회를 주님께 봉헌하고 싶은 뜨거운 마음
이 저 깊은 곳부터 강하게 뿜어져 올라왔다. 하나님께서 내게 주신 마음
이라 확신했다. 무슨 일이든지 항상 아내와 의논했었는데, 얼마나 내 마
음이 뜨거웠는지 곧바로 그 자리에서 확답을 했다.

"제가 이 교회를 세우겠습니다."

이 말을 하면서 내 가슴이 얼마나 '쿵쿵'거리며 기쁨이 넘쳤는지 모른
다. 나는 귀국한 후 아내에게 자초지종을 이야기했고 아내는 흔쾌히 승
낙했다. 담임목사님께 세르뚱교회 건축에 대해 설명하고, 세르뚱교회 건
축을 위해 봉헌하겠다고 말씀드렸다. 그리고 곧바로 선교사님을 통해
건축비를 보내고 건축 감독을 부탁했다. 그리고 일 년이 지나고 바로 그
날 세르뚱교회를 보게 됐다. 교회를 보는 순간, 1년 전에 느꼈던 벅차오
르는 마음을 주체할 수 없었다. 세르뚱교회 안에 들어가 주님께 기도드
렸다.

"주님! 이 교회를 통해 이 동네가 복음화 되게 해 주시고, 이 교회를 통
해 우상의 땅인 세르뚱 지역이 주님을 섬기는 마을이 되게 해 주세요. 우
상이 1억 3천 개가 되는 우상의 나라가 하나님 나라가 되게 해주세요."

그곳은 마을 전체가 불교를 믿는 곳으로 집 대문 앞에 무당깃발이
70%나 걸려 있는 우상을 섬기는 지역이었다. 타종교를 심하게 배척해 2

년 전에 우리 선교팀이 집회를 드리지 못했던 유일한 지역이었는데, 그곳에 교회가 세워진 것이었다. 감사의 고백이 내 입술에서 한참 동안 떠나지 않았다.

한국에서부터 준비해 온 십자가를 강대상 뒤에 걸고 청년들과 감사의 기도를 드렸다. 그리고 십자가 옆에 교회 현판도 함께 달아주었다.

세르뚱교회 입당 예배의 대한 감사로 동네잔치를 열었다. 소 한 마리를 잡아 온 동네 사람들을 초대했다. 그날 저녁에 입당 예배를 드리는데, 찬송을 하는 사람은 거의 없었다. 그저 한국에서 온 외국 사람을 구경하러

온 사람으로 가득했다. 그럼에도 우리는 교회에 모인 것에 감사하며 준비한 사역들을 했다. 동네 사람들은 우리의 모습을 신기한 표정으로 집중해서 보고 있었다. 감사한 것은 해가 거듭할수록 이 마을에 있던 무당 깃발이 하나 둘씩 없어지고, 교회의 성도도 조금씩 늘어가고 있었다. 찬양하는 성도가 조금씩 늘어나고 기도소리도 점점 커졌다. 이렇게 조금씩 변하고 있었다. 하나님의 놀라우신 계획과 역사하심에 나는 진심으로 감사의 기도를 드렸다.

네팔 땅에 부흥이 한참 불이 붙고 있다고 생각하고 사역을 준비하고 있었는데, 큰 사건이 일어났다. 2015년 4월 25일, 그때를 잊을 수 없다.

네팔에 규모 7.8의 엄청난 지진이 일어나 세워진 교회들이 완전히 붕괴되고 더 이상 예배를 드릴 수 없다는 소식을 들었다. 선교사님의 소식을 듣고 우리 교회도 총회와 함께 네팔 지진 특별 헌금을 드리기로 했다. 전화위복으로 지진으로 무너졌던 성전들은 그전보다 더 아름답게 세워졌다. 그 이후에 새롭게 세워진 교회들을 직접 보는 순간 내 눈을 의심했다. 특히 세르뚱 지역에 집집마다 걸려있었던 무당 깃발이 모두 없어지고 몇 집에만 남아 있었다. 그 많던 무당 깃발이 사라진 것이다. 하나님의 역사는 정말 놀랍고 아름다웠다.

우상이 가득했던 그곳에서 놀라운 일들이 일어나고 있었다. 세르뚱교회 강대상 옆에 아주 큰 자루가 두 개가 있었다. 그 자루 안에는 쌀이 가득 차 있었는데, 마을 사람들이 우리 선교팀이 온다는 소식을 듣고 우리를 대접하기 위해서 모아서 가지고 온 것이라고 했다. 우리 선교팀이 사역 준비로 바쁘게 일정을 보내고 있을 때, 그곳 여전도회 회원들이 성전을 계속 들락날락했다. 나는 궁금해서 그곳 교인에게 물어봤다.

"아니, 왜 이렇게 분주해요?"

그러자 그 교인은 서슴없이 대답했다.

"당신들을 위해서 기도하고 있는 중이에요."

'아니, 이게 무슨 말인가!' 선교사님을 통해 자세히 그 내막을 듣고 나서 눈물이 글썽거렸다. 우리 선교팀이 한국에서 출국해서 다시 한국으로 귀국하는 날까지 우리 선교팀을 위해 릴레이 중보기도를 작정하고 기도하는 중이라는 것이었다. 타종교를 심하게 배척했던 이곳에서 선교팀을 위한 릴레이 중보기도를 하고 있다니, 이 얼마나 성숙하고 감격스러운 일인가! 새삼, 사도 바울이 세운 교회에서 믿음의 삶을 살아가고 있는 소식들을 들으면서 하나님께 감사의 기도를 드린 마음을 알 것 같았다.

"주님! 감사합니다."
"살아 역사하시는 주님! 감사, 감사 합니다"

그들의 섬김과 헌신을 알고 난 후, 하나님께 드린 예배는 상상할 수 없는 기쁨과 은혜의 물결이 흘러넘쳤다. 성령의 불이 우리의 마음을 뜨겁게 했고, 기쁨이 넘치는 찬양과 진실하고 간절한 기도가 끊임없이 나왔다. 또 우리를 환영하는 마음으로 준비한 찬양과 마을 사람들의 전통 무용으로 우리에게 감사의 마음을 전했다. 낙후된 곳을 찾아가 선교를 하다보면, 우리가 뭔가 그들을 가르쳐야 한다는 생각과 함께 교만한 마음이 스며들 때가 있다. 그럴 때마다 하나님께서는 현지인들의 순수한 믿음과 열정, 그리고 그들만의 헌신과 섬김의 모습을 우리에게 보이시고 우리를 부끄럽게 하신다. 현지인들이 하나님께 드리는 예배가 얼마나 뜨거운지 우리가 네팔 현지에 있는 교인들에게 예배에 대한 열정을 배우고 온다. 하나님의 역사는 우리의 상상을 초월하신다.

세르뚱교회는 자립 교회로 성장했고, 주일에 약 200명이 모여 예배를 드린다. 현재 이 동네에 그리스도인이 70%가 되었다고 한다. 교회를 건축하고 10년 만에 변한 결과다. 많은 교회를 방문했지만, 오지에서 자립 교회를 보는 것은 큰 감동이었다. 축복받은 교회다. 상상 할 수 없는 하나님의 역사이다. 오지 선교를 하다보면 가는 마을마다, 교회마다 '이것이 없다. 저것이 필요하다'라는 이야기를 매번 듣는다. 그런 요구들에 우선순위를 정해 도와드리고 있었는데, 교회가 자립했다고 하니 정말 놀라운 일이었다.

세르뚱의 청년들은 직장과 학업 때문에, 제일 큰 도시인 카트만두에 가서 살고 있는데, 그곳에서 함께 모여 예배할 곳이 없어서 상가를 임대해 예배 처소를 마련했다고 한다. 이들이 얼마나 예배를 사모하고 있는지 알 수 있었다. 카트만두에서 예배를 드리는 인원도 약 200명 정도라고 하니 이곳에 임하신 하나님의 놀라우신 섭리에 한동안 말할 수 없는 큰 감동에 빠졌다.

"주님 감사 합니다. 살아 역사하시는 주님을 믿습니다."

기도의 응답으로 세워진 까미교회

쎄르뚱에서 약 3시간 동안 가파른 산을 올라 정상에 있는 마을로 발걸음을 옮겼다. 이곳은 약 해발 2,500m에 위치한 까미 마을이다. 이곳에도 우리 선교팀은 교회를 건축했다. 까미 마을은 네팔 계급인 카스트 제도에도 들지 못하는 불가촉천민들이 사는 곳이다. 천민들 중에서도 천민이 모여 사는 마을로 주 수입은 대장간에서 농기구를 만들어 3일 걸어가 장터에서 파는 것이다. 이것으로 약 10여 가구가 생계를 이어갔다.

이곳에 교회가 세워진 여정을 보면, 하나님의 섭리는 정말 놀랍다고 말할 수밖에 없다. 까미 마을에서 5시간을 더 산으로 올라가면 있는 끝 마을이 있다. 우리는 그곳에서 집회를 하기 위해 가고 있었다. 산행 중에 지쳐서 까미 마을 어귀에서 쉬고 있었는데, 잠깐 사이에 50-60명이 모였다. 그들은 우리가 외국에서 온 의료진이라 생각하고 나온 것이었다. 아픈

사람들과 아픈 아이를 안고 나온 부모들이었다. 우리 선교팀은 의료팀이 아니었기 때문에 의료진이 없었다. 팀원들이 사용할 응급처치용 상비약이 전부였다. 우리는 어떻게 해야 할지 몰라 당황했다. 그렇다고 그들을 모른 체 할 수 없었다. 우선 우리가 가지고 있는 것으로 응급조치를 해주기로 했다.

한 아이의 귀에서 고름이 흐르고 있었다. 전문 지식도 없고 할 수 있는 것은 소독약으로 처치하는 것밖에 없었다. 그리고 아이 엄마에게 내일 병원에 가라고 약 15만 원의 돈을 손에 쥐어줬다. 덧붙여 기도하면서 건너 마을에 교회를 가라고 했다. 이 말을 하면서도 내가 말도 안 되는 소리를 한다고 생각했다. 왜냐하면 건너 마을을 가기 위해서는 빠른 걸음으로 왕복 4~5시간이 걸렸기 때문이다. 그 순간, 내 머릿속에 '이곳에 교회를 세우면 어떨까?' 하는 생각이 스쳐 지나갔다. 교회 건축을 위한 기도의 제목이 생겼다.

많은 사람들이 치료를 요구했지만, 우리가 가진 응급처치용으로 모두 도울 수가 없었다. 우리가 할 수 있는 범위 내에서 그들을 치료해주고 그 마을을 떠날 수밖에 없었다. 그리고 그들을 위해 기도했다.

모든 선교 일정을 마치고 귀국한 후 주일에 청년부 임원들과 멘토들에게 네팔 선교의 간증을 했다. 다음날 청년부 멘토인 서인철 집사님에게서 연락이 왔다. 어제 나의 간증을 듣고 천민들이 사는 곳에 교회를 세우고 싶다고 말이다. 전혀 생각하지도 못했던 집사님의 연락에 내 귀를 의심할 정도였다.

"그럼 참 좋지. 고마워."

나는 진심 가득한 집사님의 마음을 알고, 전화를 끊고 하나님께서 행하신 능력을 의심했던 나의 연약한 믿음이 부끄러웠다. 오랫동안 신앙생활을 했고, 그렇게 많은 선교 현장에서 하나님의 능력을 체험했음에도 나의 믿음은 언제나 연약했다. 우리의 기도를 잊지 않으시고 응답해주시는 주님을 찬양할 뿐이다. 그렇게 해서 세워진 교회가 바로 까미교회다.

까미교회가 세워지고 입당 예배를 드렸는데, 그곳의 사역자가 14세 어린 청소년이었다. 나는 청소년을 교회의 사역자로 세웠다는 것이 이해되지 않았다. 선교사님은 까미 마을에서 글을 읽을 수 있는 사람이 그 소년밖에 없어서 그를 세웠다고 했다. 그렇게 많은 사람들 중에 글을 아는 사람이 한 사람뿐이라니, 새삼 놀랄 수밖에 없었다. 어린 청소년이었지만, 그를 사역자로 세우기 위해서 카트만두에서 합숙하면서 3개월 동안 훈련을 한 후 파송했다는 선교사님의 이야기에 우리는 어린 사역자를 위해 계속 중보 기도하기로 했다. 2020년, 그곳을 방문할 때까지 그 사역자는 열심히 사역하고 있었다.

우리에게 닥친 고산병의 위협

까미교회에서 집회를 마친 다음 다시 5시간 정도 산행해서 도착한 곳은 다딩 지역이다. 이곳은 가장 오지에 있는 산골 마을로 웅어싱보교회가 있다. 우리가 이곳에 도착하기 전부터 동네 사람들이 교회로 몰려들어 발 들여 놓을 자리 없이 꽉 차 있었다. 어디든지 부족한 우리를 반기는 현지인들을 보면서 우리는 매번 하나님께 감사의 기도를 드렸다.

다음 날 아침, 일정에 대해 의논했다. 그곳에서 사역을 마치고 왔던 길을 되돌아가는 계획이었다. 그렇게 하면 4일이라는 시간을 아무 사역 없이 산행만 해야 했다. 우리의 이야기를 듣더니, 현지 사역자가 한 가지 제안을 했다.

"여기서 조금 높은 산 하나만 넘으면 시간을 많이 단축해서 5~6시간 정도면 목적지에 도착할 수 있어요."

우리와 동행한 사역자도 한 번도 가보지 못한 지역이라서 현지 교회의 교인에게 물어보니 비슷한 말들을 했다. 우리는 시간을 굉장히 많이 단축한다는 말에 아무런 정보 없이 높은 산 하나를 넘기로 했다. 해발 2,800m인 그곳을 출발하여 산을 오르기 시작했다. 약 4시간이 지났을 때 우리는 해발 3,200m 지점을 통과하고 있었다. 팀원 전체가 호흡이 가빠지고 몇몇 청년들은 머리가 아프다고 호소했다. 고산병이었다. 고산병은 낮은 지대에서 고도가 높은 해발 2,000~3,000m 이상의 고지대로 이동했을 때 산소가 희박해지면서 나타나는 신체의 급성반응이다. 고산병은 체력과 관계없이 오는 병이다. 현지 사역자는 조금만 올라가면 정상이라고 했다. 지금 와서 돌아갈 수도 없고 어떻게 해야 할지 좋은 생각이 떠오르지 않았다. 특수부대에서 어떤 상황에서도 살 수 있는 생존 훈련을 받았지만, 좋은 방법이 떠오르지 않아 그대로 강행할 수밖에 없었다.

"하나님이 동행해 주시겠지. 우리가 놀러 온 것도 아니고 선교하러 왔는데, 주님께서 잘 인도해주실 거야."

이런 믿음을 가지고 산행을 계속했다. 그런데 이게 웬일인가! 고도가 더 높아질수록 청년들의 신음소리가 더 심해졌다. 나는 한 걸음 한 걸음 걸을 때마다 우리에게 힘을 달라고 기도했다.

"하나님! 이곳을 넘어야 합니다. 우리 팀을 지켜 주세요."

얼마나 주님을 찾았는지, 수도 없이 '주님'을 외쳤다. 무전기를 통해 도저히 올라갈 수 없다는 소리가 후미에서 들려왔다. 하지만 포기할 수 없는 상황이라 나는 계속해서 올라가야 한다고 설득했고, 후미에서는 계속 반복되는 소리만 들렸다. 나는 계속 다독이며 설득해서 겨우 정상에 오를 수 있었다. 하지만 몇몇 청년들에게는 무리가 되었는지, 정상에 오른 후 10여 명이 쓰러지고 말았다. 쓰러진 사람 중에는 인솔자 목사님도 계셨고, 아들도 있었다. 고산병은 체격이나 체력과 전혀 무관했다. 183cm에 체격이 좋은 아들조차도 고꾸라졌다.

지금도 그때를 생각하면, 머리카락이 쭈뼛 선다. 생명이 위험할 수 있는 상황이었다. 무지에서 온 무모한 도전이었다. 팀원 모두에게 미안했다. 그럼에도 아무 말 없이 나를 따라와 준 팀원들이 고마웠다. 다행스럽게도 우리 모두 아무 탈 없이 하산했다. 주님이 지켜 주시지 않았다면, 정말 큰일이 일어날 뻔했다. 나중에 안 사실이지만, 고산병이 얼마나 무서운 병인지 알게 되었고, 그때 우리의 산행은 정말 위험했다. 고산병이 오면, 바로 하산을 해야만 한다는 상식도 알았다. 얼마나 무식하고 무모한 행동이었는지, 일정 시간을 단축하다가 생명을 잃을 뻔했다.

솜땅교회

고산병의 위협에도 계속 정상을 향해 간 우리는 빵산이라고 불리는 곳에 도착했다. 해발 4,380m다. 고산병 훈련을 한 번도 하지 않고 고도가 높은 산행을 진행했으니 청년들에게는 상상도 할 수 없는 일이 찾아온 것이었다. 정상에서 쉬고 나니 팀원들이 조금씩 회복이 되어서 다시 산행을 시작했는데, 정신을 차리고 주위를 쳐다보니 에델바이스 군락지였다. 그 풍경은 이루 말할 수 없을 정도로 아름다웠다. 살아오면서 에델바이스 꽃을 한두 개 정도는 보았지만, 산 전체가 에델바이스였다. 풍경에 꽂혀 시간을 지체할 수 없어서 꽃이 필 때 오면 얼마나 아름다울까 상상만 하고 발걸음을 재촉했다. 조금이라도 빨리 가야 어두워지기 전에 도착할 수 있었다. 팀원들은 체력이 다 소진되어가고 있어서 속보로 진행이 어려웠다. 그래도 오르막이 아니라 평지라서 그나마 다행이었다. 한참을 걷고 있는데, 현지 가이드가 갑자기 산 밑쪽으로 걸어갔다. 갑작스러운 행동에 '왜 그길로 가느냐'고 물어볼 힘도 없어서 그냥 그를 따라갈 수밖에 없었다.

그렇게 3시간 이상 산행은 계속 되었고, 눈앞에 마을이 보였다. 마을에 도착하니 사람이 한 명도 없는 빈 마을이었다. 사람이 아무도 없는 것이 이상해서 현지 가이드에게 물어봤다.

"아니, 이 마을에는 왜 사람이 한 명도 없어요?"

그러자 현지 가이드는 뜻밖의 말을 했다.

"이 마을은 히말라야 등반 베이스 캠프예요."

TV를 통해 전해 들었던 히말라야 등반 베이스 캠프라니.

"지금은 등반 시즌이 아니라서 사람들이 다 철수해서 사람이 없어요. 등반 시즌이 되면 여기에 사람들이 많이 있어요."

현지 가이드의 말을 듣고, 밤을 지새울 곳을 찾았다. 이곳저곳을 둘러보다가 한쪽에 문이 열린 작은 교회가 보였다. 이 교회의 이름은 솜땅교회였다. 하지만 교회라고 말하기에 초라하고 지붕 위에 십자가는 반쯤 쓰러져 있었다. 그곳에 도착하기도 전에 팀원들이 긴장이 풀려서 그런지

인솔 목사님을 비롯하여 10여 명이 쓰러지고 말았다. 교회 바닥에 자리를 깔고 쓰러진 청년들을 눕힌 후 침낭을 꺼내서 덮어주고 빨리 물을 데워서 먹게 했다. 응급처치를 하고 저녁 준비를 해서 어떻게 먹었는지 모를 정도로 시간이 흘렀다. 잠자리를 살피는데, 마루바닥 사이가 넓어서 그 사이로 산 밑에서 불어오는 찬바람이 강하게 불어왔다. 감당하기 어려울 정도로 추웠다. 하지만 우리에게는 선택의 여지가 없었기에 무조건 잠을 청했다. 얼마나 힘든 산행이었는지 눕자마자 잠이 들었지만, 바닥에서 올라오는 한기로 추위를 견디지 못하고 2시간 만에 잠에서 깨고 말았다.

교회 밖에서는 우리의 짐을 운반해주는 세르파들이 불을 피워 놓고 빙 둘러앉아 있었다. 나는 모닥불 옆에 한 자리를 차지하고 앉았다. 청년들도 잠을 청하기 힘들었는지 한두 사람씩 나와서 불을 쬐면서 힘들었던 이야기를 하고 있었다. 우리 팀을 안내하던 한 가이드가 앞에서 불을 쬐고 있었는데, 문득 산행 중에 뭔가를 캐고 있었던 모습이 떠올라 내가 물었다.

"아까 보니까, 땅에서 뭘 캐는 것 같았는데, 뭘 캤어요?"

그러자 가이드는 주머니에서 주섬주섬 산삼을 꺼내 보여줬다. 나는 농담 삼아 말했다.

"이 귀한 것 내가 먹어야겠네요."

그러자 그는 손을 내저으면서 안 된다고 했다.

"안 돼요. 부인이 아파서 이건 팔아서 약값을 마련해야 해요."

가진 돈이 없었던 나는 옆에 있던 한상웅 장로님에게 2,000루피 정도를 빌려 흥정을 했다.

"그 산삼, 여기 있는 2,000루피에 팔아요!"

가이드는 내 말을 듣고 망설임 없이 산삼을 내게 팔았다. 2,000루피면 약 2만원 정도였지만, 네팔 현지인에게는 아주 큰돈이었다. 세르파가 하루 종일 30KG 가까이 되는 무거운 짐을 나르며 받는 인건비가 1800루피 정도였다. 덕분에 한 장로님과 산삼을 한 뿌리씩 먹는 행운도 있었다.

새벽 4시에 일어나 출발하기 위해 준비하는데, 팀원의 신발 두 켤레가 없어졌다. 네팔 현지 세르파들은 짐을 지고 험한 산길을 다니면서도 등산화는 물론 제대로 된 신발도 없이 슬리퍼를 신고 산행을 하는 사람들이다. 그런 사람들이 우리나라에서 온 튼튼한 등산화를 보니 유혹이 됐을 것이다. 험한 산을 10시간 정도 더 걸어야 하는데, 신발 없이는 불가능했다. 선교사님이 두 시간 동안 세르파들과 현지 사역자들에게 물어보며 돌려달라고 사정했지만, 아무도 신발을 가지고 가지 않았다고 했다. 선교사님이 나중에는 화가 나서 신발을 내놓지 않으면 지금까지 일한 인건비를 주지 않겠다고 해도 신발은 나오지 않았다. 팀원들은 주변을 샅샅이 찾기로 했다. 그렇게 30분이 지났을 때 우리가 가야할 방향과 정반대 방향에 있는 돌담 사이에서 신발을 찾았다. 누구인지 모르지만, 나중에 집으로 돌아갈 때 찾아서 가려고 한 것 같았다. 시간은 촉박한데, 신발 때문에 3시간을 낭비하고 말았다.

샤쁘 투베시

우리가 가야 할 목적지는 샤쁘 투베시다. 솜땅교회에서 약 10시간 정도 걸릴 것으로 예상했다. 내리막길이라 쉬울 것이라고 생각했는데, 얼마나 험한지 다리가 후들거렸다. 어느 지역은 눈이 무릎까지 빠지는 곳도 있었다. 원시림이 우거진 곳은 큰 짐승의 발자국도 선명하게 남아있어서 위험을 느낀 우리 팀은 여러 명이 뭉쳐서 큰소리로 찬양하면서 내려왔다. 예상 시간보다 더 오래 걸려 저녁 8시, 약 14시간 만에 샤쁘 투베시에 도착했다. 아마도 내가 태어나서 제일 많이 걸었던 날인 듯하다. 내 기억으로 군대에서 강도 높은 특수 훈련을 할 때도 이만큼 강행군은 없었다. 팀원들 모두 발에 물집이 생기고 다리가 부었다. 정말 정신력으로 산행을 마쳤다. 무지로 시작했던 무모한 산행이었는데, 주님이 순간순간 우리를 지켜 주시며 인도하셨기에 가능했다. 우리가 이렇게 험한 산행을 감행하는 이유는 오지 마을에 복음을 순수하게 받아드리는 많은 영혼이 기다리고 있기 때문이다. 한 영혼이라도 주님 앞으로 인도해야 하는 마음에 나는 늘 마음이 조급했다. 로마서 10장 13~15절 말씀을 의지하며 순종하는 마음으로 주님과 약속을 지키려고 노력하고 있다.

"누구든지 주의 이름을 부르는 자는 구원을 받으리라. 그런즉 그들이 믿지 아니하는 이를 어찌 부르리요 듣지도 못한 이를 어찌 믿으리요 전파하는 자가 없이 어찌 들으리요. 보내심을 받지 아니하였으면 어찌 전파하리요 기록된바 아름답도다 좋은 소식을 전하는 자들의 발이여 함과 같으니라"(롬 10:13~15).

투베시 마을에서 오전 집회를 시작했는데, 잠깐 사이에 천여 명이 넘는 사람이 모였다. 우리를 이곳에 보내신 이유를 알 것 같았다.

길고 험한 산행, 그리고 4,380m 빵산마을.
고산병 때문에 10여 명이 쓰러져 가면서 오른 곳.
밤에 너무 추워서 잠을 잘 수 없는 숌땅교회.

선택의 여지가 없었던 강행군임에도 우리를 이곳 투베시 마을로 인도하신 주님의 뜻을 다시 한 번 깨달았다. 주님이 예비하시고, 많은 영혼을 준비하신 주님의 마음을 알 수 있었다.

투베시 마을에서 연 집회는 우리 팀에게 하나님께서 주신 최고의 선물이었다. 집회에서 약 150여 명이 주님을 영접했다. 우리의 고생과 수고가 헛되지 않았다. 하나님께서 지치고 힘든 우리의 몸과 마음을 다 잊게 하는 기쁨을 주셨다. 주님께 감사의 기도를 드렸다. 현지 사역자에게 주님을 영접한 이들을 믿음으로 잘 성장시켜달라고 당부하고 버스에 몸을 실었다. 그동안의 피곤감이 한꺼번에 몰려온 탓에 버스에 오른 지 얼마 지나지 않아 다들 곤히 잠들었다.

버스로 10시간을 타고 카트만두에 있는 선교관에 도착했다. 오지 선교의 일정을 돌아보며 평가회를 가진 후, 기도로 하루를 마무리하고 잠자리에 들었다. 좋지 않은 침대였지만 너무 행복했다. 오지 사역을 하면 교회 흙바닥에서 잠을 자는 날이 많은데, 따뜻한 온수로 샤워를 하고 침대와 이불속에서 자는 그 순간이 꿈만 같았다. 오지 산속에 살고 있는 네팔의 영혼들을 만나게 하신 하나님! 주님이 행하시는 큰 뜻을 우리에게 가르쳐 주신 주님께 정말 감사했다.

힌두 사원에서 복음을 전하다

네팔 단기선교 3기 마지막 날 아침 큐티 시간에 고린도전서 3장 6~7절을 묵상했다.

"나는 심었고 아볼로는 물을 주었으되 오직 하나님께서 자라나게 하셨나니 그런즉 심는 이나 물주는 이는 아무것도 아니로되 오직 자라게 하시는 이는 하나님뿐이니라"(고전 3:6~7).

마지막 일정은 문화탐방과 파슈파티나트 힌두 사원을 방문하는 것이었는데, 이 말씀을 묵상하면서 하나님께서 내게 '그곳에 가서 복음을 전하라'고 말씀하시는 것 같았다. 나는 하나님께 그곳은 아니라고 말씀드렸다.

"힌두 사원에서 전도라니!"

있을 수 없는 일이었다. 하지만 말씀을 묵상할수록 집중할 수 없을 정도로 하나님께서 강권하시는 것 같았다. 그때 마침 김원식 선교사님이 나에게 오셨다. 선교사님께 큐티 묵상 시간에 나에게 주신 말씀을 나누었다.

"선교사님, 주님께서 힌두 사원에서 집회하라고 자꾸 마음을 주시네요."

선교사님은 내 말이 끝나기도 전에 이야기했다.

"장로님께 주님이 그런 마음을 주셨으면 집회를 해야지요."

선교사님의 말씀은 충격적이었다. 네팔에서는 외국 사람이 네팔 사람에게 종교를 전할 수 없도록 법으로 정하고 있다. 만약 선교사님이 복음을 전하다가 적발이 되면 강제 추방을 당하는 것을 알고 있기에, 선교사님께서 하시는 말씀을 받아들이기 힘들었다. 우리는 한국으로 귀국하면 그만이지만 선교사님은 선교지에서 추방당할 텐데, 어떻게 해야 할지 고민과 걱정이 앞섰다.

'그래! 주님이 이런 마음을 주실 때는 주님이 앞서 행하시겠지.'

그렇게 집회를 하기로 결정하고 아침을 먹고 오후 사역을 하기로 했다. 집회 드라마, 워십, 말씀 순으로 약 한 시간정도 생각했다. 파슈파티나트 사원(화장터)은 내가 매년 네팔을 방문할 때마다 가는 곳으로, 이 사원 구석구석을 설명 할 수 있을 정도로 잘 아는 곳이다. 입장료는 1,000 루피 한국 돈으로는 만원이 조금 넘는 금액이다. 네팔에서는 작은 돈이 아니다. 힌두교 최대의 성지이기도 하고 세계문화 유산으로 지정된 곳이다. 그곳은 네팔에서 가장 큰 힌두 사원으로 힌두 사원 중에서도 가장 큰 신을 모시는 곳이다. 주님께서 이곳에 가서 말씀을 전하라고 하셨다. 하나님께서 아침에 주신 말씀을 묵상하며 사원으로 향했다. 사원 안에는 홀리맨(성자) 신이라고 불리는 사람들이 기괴한 모습으로 앉아있었다.

'어떻게 자신을 성자라고 부를 수 있는지.'

내가 볼 때 그들은 신이라기보다는 그저 돈을 받고 같이 사진을 찍어주는 사람들이었다. 그러나 네팔 사람들에게는 크게 존경 받는 신이므로 네팔 사람들은 성자라고 불리는 그들에게 존경을 표하는 것이었다. 힌두 신 중 가장 큰 신을 모시는 신인 그들을 바라보고 있는데, 주님께서 그 사람들에게 아주 구체적으로 마음을 주시는 것이었다.

"주님! 왜 이런 곳에서! 저 사람에게! 이런 마음을 주십니까?"

나는 고민에 빠졌다.

"원 장로! 가서 전해라!"

하나님은 계속 내 마음에 가서 전하라고 하셨다.

"주님 이건 정말 아닙니다."

나는 주님의 말씀에 몇 번이나 거절했다. 하지만 결국 말씀에 순종하며 두려운 마음으로 선교사님과 함께 홀리맨(성자)에게 가서 네팔 성경을 전했다. 그런데 이게 웬일인가! 그가 성경을 읽어보겠다며 내 앞에서 성경을 읽는 것이 아닌가! 그렇게 그에게 성경을 간단히 전하고 기념사진을

찍고 약간에 돈을 줬다. 그리고 당신들에게 한국문화 공연을 보여 주겠
다고 하니 흔쾌히 승낙했다. 모든 것이 순조롭게 진행되고 있었다. 준비
한 사역이 시작되었고, 삽시간에 수백 명의 사람들이 모여 들었다. 사람
이 너무 많이 모여서 불안한 마음이 들기 시작했다. 함께한 한상웅 장로
님께 주위 경계를 부탁했다. 이원일 전도사님이 얼마나 열정적으로 복음
을 전하시는지 더욱 불안한 마음뿐이었다.

"하나님 이외에 다른 신은 다 우상입니다."
"우상숭배를 하는 당신들은 용서 받을 수 없는 죄를 짓고 있습니다."

전도사님은 목청을 높여 외쳤다. 그 용기는 어디서 나오는 것일까?

"여러분, 여러분들은 우상을 섬기면 안 됩니다."
"힌두교 시바신을 믿으면 멸망합니다."
"영원히 꺼지지 않는 유황불로 떨어집니다."

한국말로 복음을 전하면, 네팔어로 김원식 선교사님께서 통역하여 네
팔 사람들에게 전했다. 네팔에는 한국말을 알아듣는 사람들이 많이 있
다. 왜냐하면 많은 네팔 청년들이 한국으로 취업을 하고 싶어서 한국어
학교를 다니는 청년들이 많이 있기 때문이다. 또한 한국에서 취업했다가
귀국한 사람도 많았다. 그래서 말씀이 전해지는 동안 얼마나 위험을 느
끼고 불안한 시간이었는지 모른다. 어디서 돌이 날아 와도 이상하지 않

은 상황이었다. 종교 경찰이 와서 우리를 붙잡아 가면 어떻게 될지 걱정도 됐다. 주님께서 확신을 주셨는데도 얼마나 불안한지 안절부절하고 있었다.

"주님, 집회가 잘 끝나게 해 주세요."

마음으로 기도 밖에 할 수 없었다. 솔직히 시작은 내가 먼저 했는데, 얼마나 후회 했는지 모른다.

'왜! 그렇게 불안한 집회를 하라고 하셨을까?'
'왜! 이런 마음을 주셨을까?'

말씀이 끝나고 선교사님께서 예수를 영접할 사람은 이곳에 나와 무릎을 꿇고 앉으라고 말했다. 그 순간 약 35명 정도의 사람들이 나오더니 무릎을 꿇고 앉았다. 다른 곳이 아니라 힌두 사원의 한가운데에서 이런 성령의 역사를 주님께서 보여주셨다. 나의 믿음이 약한 것을 다시 한 번 주님께서 일깨워 주셨다. 주님께 회개 기도를 드렸다. 나의 믿음 없음을 용서해달라고 기도했다. 이 영혼들 때문에 이곳으로 가라고 하셨다고 생각하며 혼자 머리 숙여 기도했다. 영접 기도를 마치고 한사람씩 껴안아 주면서 축복의 시간을 갖고 바로 그 자리에서 철수했다. 사원 관광도 하지 못하고 허둥지둥 뒤도 돌아보지 않고 도망치듯 빠져나왔다. 정문 밖에 나와서야 긴 안도의 한숨을 쉬었다. 주님이 왜 그런 마음을 주셨는지,

지금도 우리는 항상 살아계신 하나님이라고 기도하지만, 뒤돌아보면서 의심하고 또 의심하는 사람이 아닌가 싶다. 놀라운 주님의 계획을 우리가 다 알 수 없다. 주님이 주시는 마음을 신뢰하지 못하는 어리석고 연약한 믿음을 돌아본다. 그래서 나는 이런 고백을 할 수밖에 없다.

"주님이 하셨군요. 감사합니다. 주님, 감사합니다."

그 다음해에 가서 똑같이 그 사람에게 가서 한국 문화 공연을 해도 되냐고 물었는데 안 된다고 거절당했다. 2020년 1월 단기 때도 시도를 했으나 거절당했다. 다시는 힌두 사원 집회는 어려울 것 같다. 그래도 불안과 공포 속에서 주님이 인도하신 그 집회를 나는 잊을 수가 없다. 네팔 선교를 하면서 최고의 인상 깊은 집회였다.

부흥하는 청년부

안양제일교회 청년부는 네팔 선교를 시작으로 해외 선교에 불붙기 시작했다. 이후에 말레이시아를 비롯해 많은 나라들을 선교했다. 해외 선교를 계기로 침체되어 있던 청년부는 부흥의 불길이 일어나기 시작했다. 선교 현장에서 하나님을 경험하고 성령 충만함을 받은 청년들은 귀국한 후 각자 삶의 자리에서 예수 그리스도의 증인된 삶을 살았다. 청년들이 복음을 들고 교회 밖으로 나아갔다. 안양을 품고 전도에 힘썼다. 안양역 앞에서 길거리 공연과 찬양집회, 안양 1번가 거리 청소, 롯데시네마를 통째로 대관하여 조조영화에 친구들 초대하는 맞춤형 전도 집회 등 복음을 전하고 영혼을 구원하기 위해 힘썼다. 청년들의 열정과 헌신은 청년부 예배에 그대로 나타나기 시작했다. 180여 명이 예배했던 Ye청년부 예배에 1,000명이 넘는 청년들이 함께했다. 이례적인 청년부의 부흥이 전국 교회에 소개되고, 많은 교회에서 우리 교회를 벤치마킹하기 위해 방문하는 귀한 일도 생겼다. 이런 청년부의 부흥이 있기까지 담임목사님을 비롯한 당회원들, 그리고 안양제일교회 온 성도들의 전적인 믿음과 헌신, 그리고 적극적인 지원이 있었기에 가능한 일이었다.

지면을 통해 해외 선교를 함께 시작했던 청년부 담당 김남권 목사님께 감사의 인사를 드리고 싶다. 아무 것도 모르는 청년들을 일으켜 세우고, 제자훈련으로 청년들의 마음에 믿음을 심어주셨다. 선교를 통해 청년들이 열방을 품고 나아가도록 하셨다. 또 청년부를 'Ye청년부'로 이름을 바꾸고, 여름수련회에서 MBTI를 통해 청년들의 성향대로 3개의 공동체(Y처치, G처치, R처치)로 나눴다.

'Y처치'는 이성적인 성향의 사람들이 모인 일 중심의 청년들이 모인 공동체였고, 'G처치'는 사람 중심의 청년들의 공동체, 'R처치'는 열정적인 성향을 가진 청년들의 공동체였다. 세 공동체의 리더가 모여 하나의 프로젝트를 만들어 가는 과정은 정말 기가 막혔다. 각자의 장점을 모아 만들어내는 사역들은 말 그대로 대박이었다. 그 중심에는 김남권 목사님과 주성길 목사님, 조항진 목사님, 이원일 목사님이 계셨다. 특히 김남권 목사님의 헌신과 청년들에 대한 열정에 감사를 드린다. 김 목사님은 새벽부터 늦은 밤까지 늘 청년부 사무실에 계셨다. 청년들이 목사님에게 '제발 집에 좀 가세요' 하고 말할 정도로 열정을 다하셨다. 밤 12시가 넘도록 청년부 임원들과 회의하고 기도회를 했다.

나는 청년부 임원들과 사역 준비 때문에 일주일에 며칠 조금 늦게 들어가시는 줄 알고 있었다. 그런데 일주일에 한두 번 정도만 집에 들어가셨다. 내가 목사님에게 '왜 집에 들어가지 않으시냐' 하고 물으니 큰 소리로 웃으시면서 '저도 집에 일찍 가고 싶어요' 하고 말씀하셨다. 그리고 나에게 감동의 말씀을 하셨다.

"장로님~ 청년들이 이렇게 성령 충만해서 뜨거울 때, 제가 도와서 더욱더 신앙적으로 성숙한 청년들로 만들어야지요."

한 주에 제자 훈련이 월요일부터 금요일까지 거의 매일 있었다. 직장 다니는 청년들 때문에 저녁 늦게 시작해서 밤 12시 정도에 끝나고 몇 시간 후에 새벽 예배를 드리기 위해서 목사님 방에 간이침대를 놓고 주무셨다. 새벽예배가 끝난 후에 잠깐 집에 가서 옷만 갈아입고 나오시기를 계속하셨다.

청년부 임원으로 섬긴 많은 청년들에게도 감사의 말을 전하고 싶다. 청년부 임원이 되면 직장을 그만둬야 한다는 농담을 할 정도로 많은 사역과 일정 때문에 매일 퇴근을 교회로 하는 청년들이 많았다. 열정과 책임감 때문에 교회에서 생활할 정도로 정말 고생을 많이 했다. 심지어 교회에서 잠깐 잠을 자고 다시 출근하는 청년도 있었다. 교회에서 쪽잠을 자니 나는 그들을 '교숙자'라 불렀다. 그때 함께 섬겨주었던 사역자들, 임원들, 리더들, 청년본부를 섬겨주신 멘토 집사님들께도 감사의 말을 전한다.

갑자기 감사의 말을 전하는 이유는 청년들의 변화된 삶이 네팔 선교를 시작하고 일어났기 때문이다. 선교를 다녀온 청년들이 하나님의 은혜를 경험하고 성령 충만하니 전도하라는 말을 하지 않아도 전도했다. 헌신해야 한다는 말에 꿈쩍도 하지 않던 청년들이 헌신하라는 말을 하지 않아도 헌신하고 봉사했다. 술, 담배를 끊고 하나님의 사랑을 전하기에 집중했다. 이 모든 것을 하나님께서 단기선교와 제자훈련를 통해 바꾸셨다. 삶이 변화된 모습을 옆에서 지켜본 친구들이 믿기 힘든 말을 했다.

"야! 너를 이렇게 변하게 만든 교회라면 나도 가보고 싶다."

친구들을 전도하지 않아도 교회에 자진 등록하는 청년들도 생겼다. 청년부에 속한 청년들이 변화되니 주변에 많은 이들의 삶에도 변화가 일어났고, 청년부가 부흥할 수 있었다.

—

나의 좋은 동역자, 한상웅 장로님

2004년부터 시작한 네팔 단기선교는 총 12년, 답사까지 13번 방문했다. 처음부터 지금까지 매번 하나님의 은혜가 아니면 이룰 수 없는 선교의 현장에서 잊지 못한 이야기들이 있다. 먼저, 지금은 고인이 되신 故 한상웅 장로님의 이야기다. 나와 장로 장립을 함께 받은 한상웅 장로님은 사적인 자리에서는 '형님'이라고 부를 만큼 아주 가까운 관계였다. 단기선교를 다녀온 후 나에게 '선교에 미쳤다'고 거침없이 말할 정도로 친한 형님이셨다.

"야! 원 장로! 무슨 해외 선교를 가냐?"

"국내에도 얼마나 선교할 곳이 많이 있는데, 그 많은 헌금을 쓰면서 해외 선교를 하냐?"

농담 반 진담 반으로 이런 말을 한 게 한두 번이 아니었다. 나는 그럴 때마다 한 번 같이 해외 선교에 가자고 이야기했다. 한 장로님은 '너나 가라'면서 절대 받아들이지 않았다. 나는 친한 형님이신 장로님을 선교 현장에 꼭 한 번 같이 가고 싶었다. 기회가 있을 때마다 여러 번 권면했지만, 아무런 반응이 없었다. 하지만 만날 때마다 함께 가자고 계속 졸랐다. 그렇게 2년이라는 시간이 흘렀다. 어느 날, 한 장로님을 만나서 같이 선교하러 가자고 말했는데, 그날도 역시나 약간 빈정거리는 말투로 거절했다. 그 순간, 이렇게 해서는 안 되겠다고 생각하고 오늘만은 꼭 밀어붙여서 확답을 받아야겠다는 결심을 했다.

　"형님! 나 소원이 하나 있는데, 들어주세요!"
　"원 장로가 나한테 무슨 소원이 있어?"
　"형님! 내가 형님한테 돈 빌려 달라고 하는 것도 아니고, 밥 사달라고 하는 것도 아닙니다."
　"그래? 이야기나 해봐. 소원이 뭐야?"
　"형님! 이번 여름에 말레이시아 단기선교에 같이 갑시다!"
　"야! 나는 돈이 없어서 못 간다!"
　"형님이 가신다고 하면 내가 무슨 방법을 써서라도 선교비를 준비할 테니까 갑시다."
　"쓸데없는 소리 하지 마."
　"정말 형님이 가신다고 하면, 내가 아르바이트라도 해서 모시고 간다니까요."

그렇게 한참 신경전을 했지만, 결국 확답을 받지 못하고 헤어졌다. 그로부터 한 2주 정도 흐른 후, 한 장로님이 나에게 희소식을 전했다.

"원 장로의 간절한 소원이라니 내가 한 번 용기를 내서 갈게."
"형님! 형님 선교비는 내가 준비할게요."
"야! 그런 돈은 나도 있어."

한 장로님이 뭘 어떻게 준비해야 할지 물었고, 나는 그냥 참석만 해도 된다고 말했다. 그렇게 내가 꿈꿔왔던 형님과의 단기선교가 이루어졌다.

말레이시아 코타키나발루 공항에 도착한 후 일정에 맞춰 사역을 시작했다. 형님이 청년 집회에 참석한 경험이 없어서 기도회나 찬양할 때도 너무 어색해했다. 청년들이 통성기도를 하고 손들고 찬양할 때도 함께 찬양하지 않고 맨 뒤에 서서 그저 청년들을 바라보고만 계셨다. 그러자 청년들이 수군거리기 시작했다. 청년들의 모습을 보면서 나는 그날 집회가 끝나고 청년들만 따로 모았다. 한 장로님이 어떻게 말레이시아 선교를 오시게 됐는지 그 배경을 설명하고 장로님을 위해서 기도하자고 했다. 한 이틀 정도 지나자 형님이 조금씩 변하기 시작했다. 선교에 대한 관심이 생긴 건지 형님이 선교사님과 자주 대화했다. 그리고 말레이시아 선교가 끝날 무렵, 나한테 오더니 물었다.

"원 장로, 이번 겨울에 네팔에 갈 때 나도 같이 갈 수 있을까?"

내가 뭐라고 답했을까?

"형님! 뭘 묻습니까! 무조건 환영입니다."

말레이시아 선교의 일정을 마치고 귀국하기 전날, 선교 기간 하나님께 받은 은혜를 나누는 시간이 있었다. 그 자리에서 한 장로님은 수줍은 고백을 하셨다.

"원 장로가 소원이라고 해서 말레이시아 오지 선교에 참석했는데, 이번 시간을 통해 선교에 대한 나의 무지함이 조금 바뀐 것 같아요."

그리고 한 장로님은 네팔 단기선교 3기에 함께 했다. 한 장로님은 말레이시아 단기선교 때는 억지로 가는 모습이었는데, 네팔 단기선교는 준비 과정부터 적극적이었다.

"이왕 가려고 마음을 먹었으면, 처음부터 끝까지 적극적으로 참석해야지."

나는 한 장로님에게 네팔 선교는 말레이시아 선교와 달리 산간오지 마을이 많아서 많이 걸어야 한다고 말했다. 한 장로님은 그 얘기를 듣고, 매일 저녁 집 앞에 있는 초등학교에서 학교 운동장을 몇 십 바퀴를 빠른 걸음으로 걸으면서 체력훈련을 했다.

네팔 사역 기간 동안 한 장로님은 열과 성을 다하며 몇 사람 몫을 하고 있었다. 한 장로님은 내가 해야 할 일까지 도왔다. 선교에 관심이 없었는데, 이렇게 좋은 동역자로 내 옆에 함께하니 나는 기분이 너무 좋았다.

"하나님! 좋은 동역자를 보내주셨네요. 감사합니다."

산행할 때도 나는 선두에서 팀을 이끌어가고, 한 장로님은 후미에서 힘들어하는 청년들을 살피며 단 한 명의 낙오자 없이 산행을 인도했다. 청년들이 힘들면, 하모니카 연주로 청년들에게 힘을 주었다. 마지막 날, 팀원들과 선교 사역에 대한 평가 시간에는 한 장로님이 나에게 감사하다는 이야기를 청년들 앞에서 이야기했다. 공개적인 장소에서 선교의 장으로 이끌어준 나에게 감사하다고 하니, 오히려 내가 정말 기쁘고 감사했다.

한 장로님은 네팔 단기선교를 마치고 귀국한 후 해외 선교 홍보 대사가 되었다. 한 장로님은 열정적으로 네팔 선교에 참여했다. 무려 10회 이상 함께했다. 한 장로님의 열정에 함께 선교를 다녀온 청년들에게도 인기가 많았다. 한 장로님은 기회가 있을 때마다 선교 현장에서 자신이 받은 은혜를 간증했다. 한 장로님은 장로 은퇴식에서도 해외 선교에 대한 애정과 열정을 보였다.

"이 자리를 빌려서 나에게 선교의 자리에 인도한 원덕길 장로께 감사를

드립니다. 나에게 잘못된 선교에 대한 마음을 바꿔줘서 감사하고, 많은
영혼을 주님 앞으로 인도할 수 있도록 길을 알려줘서 감사합니다."

이렇게 한 장로님의 이야기를 하는 이유는 10번의 간증을 듣는 것보다
는 한 번의 현장에 참여하는 것이 선교란 무엇인지 알 수 있기 때문이다.
한상웅 장로님과 함께했던 선교의 시간은 말로 할 수 없이 행복했고, 감
사했다. 지금까지 살아계셨다면, 함께 행복하고 기쁨으로 선교를 했을
텐데. 너무 아쉽고, 보고 싶다.

——

기적을 보여주신 하나님

하나님께서는 네팔 단기선교를 하는 동안 우리에게 많은 기적들을 보여주셨다. 지면을 통해 다 적을 수 없을 정도로 수많은 기적들이 선교 사역 가운데 일어났다. 그 중에 몇 가지만 소개한다.

예수를 영접한 사도 신

네팔 카트만두에서 오지로 가던 중에 카트만두 외곽 지역 빈민촌을 지나고 있었다. 현지 사역자가 갑자기 자기가 관리하는 지역이라며 그곳에서 길거리 집회(게릴라 집회)를 해달라고 요청했다. 우선 시작을 알리는 사물놀이로 동네 한 바퀴를 돌고 왔다. 공터에는 벌써 수백 명이 넘게 모였다. 네팔 선교의 매력은 잠시만 수고해도 수많은 사람이 모여드는 '황금 어장' 같은 곳이다. 한국에서는 유명한 복음성가가수, 유명한 연예인을 불러서 초청해도 우리가 계획한 사람을 채우기 힘든 실정이 아닌가. 복음성가가수가 없어도, 유명한 연예인이 없어도, 30분 정도를 수고하면 수백 명을 모을 수 있는 네팔 선교는 정말 매력적이다. 그야말로 여기는 황금어장이다. 내 표현으로는 물고기를 기르는 가두리 양식장 같다는 생각이 들었다.

드라마, 부채춤, 워십을 하고 하나님 말씀을 전하는 시간이었다. 그사이에 인원은 점점 늘어 천명이 넘는 것 같았다. 그때 눈에 띄는 한 사람이 내 시야에 들어왔다. 그 사람은 네팔인들이 섬기는 사도 신이라 불린 사람이었다. 그가 관심 있게 집회를 경청하고 있었다. 나도 모르게 그의 곁에 서서 그의 행동과 표정을 보면서 언제 접근해야 할지를 생각하고 있었다. 언어가 안 통하니 쉽게 말을 걸 수가 없었다. 고민 끝에 주님께 책임 져달라고 기도하고 용기를 내어 조용히 말을 걸었다. 말이 통하지 않으니 손짓, 몸짓으로 얘기를 하는데, 재미있는지 나를 보며 웃고 있었다. 옆에 있는 팀원 청년에게 부탁해서 현지 사역자와 선교사님을 불러 오게 했다. 나는 한국말로 열심히 전하고, 선교사님께서 그 말을 통역했다. 그의 마음이 움직이는 것 같았다. 약 30분 정도 전한 후에 그 사람에게서 엄청난 입술의 고백이 터져 나왔다.

"내가 믿는 신을 버리고 당신들이 믿는 예수를 믿겠습니다."

할렐루야! 우리 팀원들은 이 사실에 너무나 기뻐서 껑충 껑충 춤을 췄다. 얼마나 기뻤는지 말로 표현할 수 없었다.

"사도 신이 예수를 영접하다니!"

그 곳에서 100여 명 이상이 예수님을 영접하는 큰 은혜와 영혼 구원의 기쁨을 주셨다. 나는 그 사도를 통해 하나님 나라가 확장될 것이라고 확신한다. 주님이 귀한 일꾼으로 사용하시리라 믿는다. 그 사도와 기념 촬영을 하고 현지 사역자에게 잘 부탁하고 그 자리를 떠났다.

정부 행사에 초청받은 선교팀

카트만두에서 10시간 정도 버스로 가면 뚤시뿔이라는 지역이 있다. 우리나라로 말하면 군 단위보다 조금 크고, 시골 마을치고는 상당히 큰 마을이다. 이곳에 있는 작은 교회의 사역자인 쁘램이 있다. 우리가 생각하지도 못한 일을 작은 교회의 사역자를 통하여 하나님 나라를 이루어가는 역사가 있었다.

교회는 상가 2층 베란다를 변경하여 만든 통로를 사용하고 있었다. 상가 복도와 같은 교회에 20여 명의 교인이 예배를 드리고 있었다. 내 기억으로는 네팔 단기선교 7기인 것 같다. 그전에는 쁘램 사역자라고 부르지도 않았다. 그는 우리 선교팀을 위해 잔심부름을 하고, 팀원들이 힘들어 하면 배낭도 들어 주는 착하고 예수 믿는 청년이었다. 그저 우리 선교팀에 관심을 많이 갖고 있는 청년 정도였다. 그렇게 몇 년을 우리 선교팀과 함께했다.

네팔 단기선교팀 6기가 네팔에 도착해서 사역 준비를 하는데, 쁘램이 나에게 와서 내년에는 자기 고향 마을에서 예배를 드려달라고 간절하게 요청했다. 그 마을에 교회가 있냐고 물었더니, 자기 집에서 예배를 드린다고 했다.

"그럼 내년에 한번 그곳으로 계획을 잡도록 하지!"

나는 쁘램과 약속하고 헤어졌다. 그리고 다음 해에 쁘램의 고향인 뚤시뿔 지역에서 사역을 시작했다. 교회는 위에서 이야기 한 것처럼 너무 열악한 곳에서 예배를 드리고 있었다. 그곳에서는 사역을 할 수가 없어서 교회밖에 큰 도로에 있는 상가 앞을 집회 장소로 정하고 집회 준비를 했다. 시간이 잠시 흐른 후 엄청난 인원이 모이기 시작했다. 길거리 집회는 대 성공이었다. 많은 사람이 주님을 영접했고, 쁘램 사역자가 얼마나 기뻐하는지 우리 팀도 너무 기뻐했다. 첫 집회를 잘 마치고 내일 사역을 기대하면서 하루를 마무리했다.

다음날 아침 일찍 오지로 가기 위해 준비를 하고 있는데, 쁘램 사역자가 우리 팀에게 공연을 해달라고 요청이 들어왔다고 했다. 그곳이 어디이며 무슨 단체인지 물어봤다. 그는 정부 행사라고 했다. 나는 무슨 행사이기에 우리를 초청했을까 생각했다. 초청을 했으니, 어떻게 할지를 의논하여 초청한 곳으로 가기로 결정했다.

현장에 도착하니 규모가 엄청난 행사였다. 시민의 날 축하 공연을 하는 곳에서 우리를 초청 한 것이었다. 지방 방송국까지 나와서 TV 중계방

송을 하고 있었다. 사회자와 잠깐 의논하여 우리 공연시간은 우리가 알아서 진행해도 좋다는 허락을 받았다. 그 지역 대표가 우리를 소개하는데 한국에서 온 문화 공연 팀이 왔다고 말했다. 무대는 또 얼마나 큰지 그곳에 모인 인원은 4,000명 정도였다. 이렇게 많은 사람들 앞에서 복음을 전할 수 있는 행운을 얻었다.

"우리가 생각하는 것보다, 우리가 간구하는 기도보다 앞서 행하시는 하나님을 찬양합니다."

모든 영광을 주님께 올려 드리며, 무대 뒤에서 기도했다. 우리가 준비한 부채춤은 네팔 사람에게 엄청난 인기였다. 사람들이 '앙코르'라고 소리쳤다. 우리의 공연은 복음에 대한 내용이 들어있는 공연이기에 걱정도 있었지만, 어차피 우리에게 주어진 시간이니까 담대히 사역을 마쳤다. 시민 대표가 내년에도 와서 공연을 해달라고 정식으로 요청할 정도로 사람들의 큰 호응으로 문화 사역을 다 마쳤다. 얼마나 감사한 일인지 감사 기도밖에 드릴 수 없었다. 문화 사역을 마치면서 주님을 영접하는 시간을 갖지 못해 너무 아쉬웠다.

네팔 단기선교 7기 사역을 마치고 귀국한 후 쁘램 사역자의 교회에서 교회가 좁아서 예배당을 지어 달라는 소식을 전해 들었다. 이원일 선교사님을 통해 헌금을 전달하고 약 300명이 예배할 수 있는 교회를 세웠다. 이렇게 역사하시는 하나님 앞에 나는 부끄러울 뿐이다.

선교팀을 향해 화를 낸 여인

뚤시뿔에서 사역을 마치고 쏠라방 지역으로 이동했다. 비포장도로가 얼마나 험한지 산악지형을 잘 다닐 수 있도록 개조한 차량으로 6시간을 이동했다. 중간지점부터 현지 사역자인 집싱이 안내하기로 했다. 한참을 산을 넘고 개울을 건너니 마을이 보였다. 마을 시골치고는 큰 마을이었다. 이미 꽤 늦은 시간에 도착을 한터라 날이 지기 전에 집회를 하려면 부지런히 준비해야 했다. 사물놀이로 동네를 한 바퀴 돌고 오니, 논 한 가운데에 준비한 장소에 수많은 사람이 모여 들었다. 어디서 많은 사람들이 나오는 건지 정말 엄청난 인원이 모였다. 1,000명 이상은 모인 것 같았다. 집회가 순조롭게 진행 되었고 이곳에서 많은 사람이 주님을 영접했다.

기도로 마무리 하고, 다음 장소로 이동하려고 준비 중이었는데, 40대 중반으로 보이는 어떤 여인이 우리가 있는 곳으로 와서 다짜고짜 손짓을 하면서 화를 내고 있었다. 사역 중에도 아무 일 없이 잘 마쳤는데 이게 무슨 일인가 했다. 그분이 가고 무슨 일이냐고 선교사님께 물었다.

"왜 당신이 섬기는 그 좋으신 하나님을 이제 와서 전하냐!"
"예수 믿으면 복 받는다는 이야기를 왜 이제야 해주냐!"

그 여인은 또 이런 말을 하면서 화를 냈다고 한다.

"예수를 믿고 싶어도 교회가 없으니, 우리는 어떻게 해야 예수님을 믿어야 할지 모르겠다!"

"왜 이제 오셨나요?"

나는 그 말을 듣는 순간 큰 충격 받았다. 내가 힘들어도 이런 오지를 찾아 가야 하는 것이 주님의 명령이라는 생각이 들었다. 로마서 10장 14~15절 말씀이 생각났다.

"그런즉 그들이 믿지 아니하는 이를 어찌 부르리요 듣지도 못한 이를 어찌 믿으리요 전파하는 자가 없이 어찌 들으리요 보내심을 받지 아니 하였으면 어찌 전파하리요 기록된 바 아름답도다 좋은 소식을 전하는 자들의 발이여 함과 같으니라"(롬 10:14~15).

우리가 복음을 전하지 않으면 어떤 사람들은 태어나서 한 번도 '예수님' 소리조차 듣지 못하고 죽게 되는데 그 책임이 누구에게 있을까? 안양 제일교회 선교팀이 세계 곳곳에 복음을 전해야 한다고 마음을 굳게 먹고 지금까지 오지 선교를 하고 있다.

마지막으로 10여 년간 나와 함께 네팔 선교에 앞장서서 청년들에 본이 되어준 송진명 집사님께 감사드린다. 네팔 오지에서 손수 밥을 지어 청년들을 먹이고 네팔의 영혼을 향한 뜨거운 열정을 가진 송진명 집사님은 단기선교에 동행 해주시고 사역에 본을 보여주셨다.

___

안양제일교회 단기선교팀

단기선교팀이 선교지에서 하는 사역은 한계가 있다. 단기선교팀의 역할은 현지 선교사님께 힘을 실어 드리고 위로하여 드리는 것이다. 언어와 생활과 문화의 차이가 크기 때문에 우리가 방문한 그 짧은 시간에 할 수 있는 것은 제한적이다. 현지 선교사님이 선교지에서 오랜 시간 동안 보다 사역에 집중할 수 있도록 단기간 힘을 다해 도와드리는 것이 단기선교팀이 해야 할 일이다. 한계가 있다고 게으름을 피울 수는 없다. 선교 현장에서 우리가 할 수 있는 한 최선을 다하기 위해 노력해야 한다. 그래서 늘 준비하고 훈련해야만 한다. 나는 단기선교팀이 구성되면 팀원들에게 준비할 때부터 '선교팀은 훈련'이라고 말한다.

우리 단기선교팀이 지켜야 할 4대 원칙이 있다.

"NO 폰."

"NO 쇼핑."

"NO 메이크업."

"NO 악세사리."

그 외에 지켜야 할 것들도 있다. 단기선교는 해외여행을 떠나는 관광객이 아니라 영적 싸움에 나가는 믿음의 군병이다. 그래서 모든 사역의 시작과 끝은 기도로 해야 한다. 현지 음식이 입에 맞지 않거나 열악한 환경 때문에 제대로 된 음식을 먹지 못할 때도 있다. 하지만 음식에 대해서 불

평해서는 안 된다. 음식은 주는 대로 먹어야 한다. 전쟁터에서 싸움을 위해서 체력을 보충하기 위해서는 음식을 가릴 틈이 없다.

또 선교지에서 늘 감사한 마음으로 선교에 임해야 한다. 혹여 팀원 중에 미운 사람이 있으면 그 사람을 위해 기도하며 사랑으로 품어야 한다. 불쌍한 마음에 선교지에서 만난 현지 사람에게 작은 선물이나 약속을 해서는 안 된다. 꼭 필요한 것이 있다면, 현지 선교사님과 의논해서 진행해야 한다.

단기선교팀원은 교회에서 선택된 사람이다. 교인들이 팀원을 위해 중보기도를 하는데, 그들에게 실망 시키지 말아야 한다. 선교현장에서 때로는 교만한 마음이 찾아와 우리를 무너뜨릴 때도 있기 때문에 항상 어린이 같은 순수한 마음으로 참여해야 한다. 그리고 무엇보다도 시간을 잘 지켜야 한다.

이런 크고 작은 원칙들을 항상 이야기하며 이것들이 지켜지지 않으면 호되게 야단을 치곤했다. 어떤 현지인들이 우리 팀이 군대에서 왔느냐고 할 정도로 엄하게 팀원들과 함께 이 원칙들을 지키고 있다.

네팔 선교는 나에게 선교에 대한 열정과 나의 안일한 신앙생활을 바꾸어 놓았다. 오지에서 하나님께 회개하면서 나 스스로 하나님과 약속한 것을 지키려고 노력하고 있다. 선교지에서 하나님과 약속한 교회 건축을 지금까지도 진행 중에 있다. 나는 물질의 십일조뿐만 아니라 시간의 십일조를 선교에 바치겠다고 약속을 했다. 교인들조차도 나보고 선교에 미쳤다고 한다. 맞다. 나는 선교에 미쳤다. 나는 이 말이 싫지 않다.

1993년도부터 지금까지 나는 주유소를 경영하고 있는데, 처음에 선교를 시작했을 때는 일 년에 6회까지 해외로 나갔다. 어느 날 주유소에 가서 밀린 업무를 보고 있는데, 손님이 들어오셔서 여기 사장님이 어디 가셨냐고 물어볼 정도로 사업장을 비우고 다녔다. 그렇게까지 선교를 한 이유는 내 나이를 생각하면 나에게 주어진 시간이 얼마 남지 않았다고 생각하기 때문이다. 마음이 바쁘다. 하루라도 빨리, 한 사람이라도 더 구원의 기쁜 소식을 전해야 한다는 생각 때문에 내 마음은 바쁘다. 선교지에서 우리 청년들이 변하는 모습, 그리고 그 청년 중에 선교지에서 목회자의 길로 진로를 정하는 모습을 보는 것에 말할 수 없는 보람을 느낀다.

3부
말레이시아 선교

말레이시아

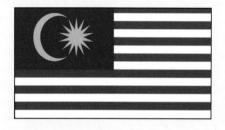

- 면적 | 329,750㎢
- 수도 | 쿠알라룸푸르
- 종교 | 이슬람교, 불교, 힌두교, 그리스도교
- 인구 | 2천5백27만 명
- 언어 | 말레이어

　말레이시아는 동남아시아 말레이반도 남단과 보르네오 섬 일부에 걸쳐 있는 입헌군주제 국가이다. 1786년부터 영국의 지배를 받기 시작해 1957년 싱가포르를 제외한 말레이반도 11개 주가 통합하여 말라야 연방으로 독립하였고, 1963년 싱가포르, 사바, 사라와크를 합쳐 말레이시아가 되었다가 2년 후 싱가포르가 탈퇴, 독립하여 현재에 이른다.

말레이시아 단기선교의 시작

2004년 네팔 단기선교를 시작으로 안양제일교회 해외선교는 확장되었다. 네팔 단기선교는 직장을 다니는 청년들을 배려하는 마음으로 매년 구정연휴를 끼고 겨울에 진행하고 있다. 2004년 네팔 단기선교 1기를 다녀온 많은 청년들이 각자의 삶의 자리에 변화된 모습을 보이며 믿음의 본이 되었다. 신앙의 리더로 청년부를 섬기며 헌신하는 청년들 덕분에 청년부는 부흥의 물결이 흘렀다. 여기저기서 '나도 단기선교에 가고 싶다'는 청년들의 외침이 들려왔다.

단기선교에 대한 많은 관심은 또 다른 지역으로 우리의 시선을 향하게 했고, 2006년 말레이시아 단기선교팀이 꾸려졌다. 말레이시아 단기선교는 많은 청년들이 참여할 수 있도록 여름방학을 이용했다. 1기를 모집한다는 교회 광고가 나가고 2주 만에 35명이 접수했다.

"2년 만에 이렇게 변화될 수 있단 말인가!"

2004년 네팔 단기선교가 처음이었는데, 청년부에 엄청난 변화가 일어난 것이다. 정말 놀라운 일이 아닐 수가 없었다. 네팔 단기선교 1기를 모집할 때 청년들을 설득해서 몇 주 동안 간신히 19명의 팀원을 구성했는데, 말레이시아 단기선교팀은 단시간 안에 인원이 차고 넘쳤으니 놀랄 수밖에 없었다.

"하나님! 이렇게 많은 청년들이 복음을 위해 선교에 함께할 수 있도록 해주셔서 감사합니다."

말레이시아에는 채법관 선교사님이 1999년 6월부터 지금까지 23년 동안 말레이시아 보르네오 섬 사바 지역에서 헌신적으로 사역하시고 계신다. 내가 선교 이야기를 책으로 출판하게 된 것은 채 선교사님의 권유 때문이었다. 채법관 선교사님은 네팔에 김원식 선교사님과 청년부 담당이셨던 김남권 목사님과 공통점을 가지고 계셨다.

'선교에 대한 열정.'
'예배에 대한 열정.'
'영혼 구원의 대한 열정.'
'청년을 사랑하는 마음.'

'기도의 확신.'

세 분은 이런 것들을 확실하게 지키지 않을 때에 청년들에게 '그냥 집에 가라' 하고 말씀하실 정도로 엄격한 분들이었다. 얼마나 철저하셨는지, 위 사항들이 지켜지지 않으면 사역 중간에도 3~4시간 동안 기도회를 통해 팀원들의 영혼을 무장시키셨다.

"선교 사역의 현장은 영적싸움이 일어나는 곳이기 때문에 영적싸움에서 이길 수 있을 때까지 기도와 말씀으로 훈련해야 합니다."

선교에 대한 세 분의 열정과 마인드는 내가 선교적인 신앙생활과 선교에 매진하게 된 동기이기도 하다.

말레이시아 사역은 크게 나누면, 인도네시아 난민 학교사역과 오지 교회 설립, 목회자 교육이다.

___

사바 지역 살리리안 선교

2005년, 소수로 이루어진 말레이시아 정탐팀을 시작으로 2006년 말레이시아 단기선교가 본격적으로 시작됐다. 2006년 말레이시아 단기선교 1기는 시내에서 사역을 시작했다. 하지만 청년들이 집중하지 못했고, 사역 효율성도 떨어졌다. 많은 비용과 시간, 그리고 열정을 가지고 왔는데, 제대로 선교 사역을 하지 못해서 마음이 불편했다. 그래서 현지 선교사님에 찾아가 나의 의견을 나눴다.

"선교사님! 시내에서 사역하는 것보다 복음을 들어보지 못한 곳에서 복음을 전하고 싶었습니다. 아직까지 복음을 전하지 못한 곳으로 가서 복음을 전하면 어떨까요?"

선교사님은 나의 요청에 흔쾌히 동조하며 기뻐하셨다. 그리고 선교사

님도 가보지 못했던 곳, '살리리안'으로 향했다. 살리리안은 자동차, 카누, 도보로 20시간을 넘는 시간 동안 가야하는 오지였다. 개조된 오프로드 차량으로 한참을 가는데, 갑자기 비가 쏟아지기 시작했다. 강이 불어나 목적지까지 가는 시간이 계속 지연됐다. 살리리안은 수십 년 전까지만 해도 식인풍습이 있는 원주민 마을이었다. 나중에 알게 된 사실이지만, 이곳을 방문한 외국인은 우리가 두 번째였다. 우리보다 몇 년 전에 헬기를 이용해 일본인 의료진들이 방문한 것이 처음이었다. 육로를 이용해서 봉고차와 오프로드 차량으로 6시간 이상을 이동하고, 3인용 카누를 타고 강을 건넌 후, 걸어서 몇 시간을 온 외국인은 우리가 처음이었다.

이곳에 교회를 세워주세요!

도착한 마을은 24가구에 초등학교가 한 곳이 있었고, 종교는 대부분 이슬람이었다. 한 가구만 기독교 가정이었다. 이곳은 인도네시아와 인접한 국경지역으로 수시로 국경수비대와 군인들이 오가는 곳이다. 열대우림지역이라 벌레들과 거머리들이 많았다. 우리 팀원들이 목적지까지 가는 동안 벌레들과 거머리를 떼어내느라 고생이 많았다.

이곳에 살고 있는 주민 한 분이 우리에 조용히 와서 이야기를 했다.

"이슬람교를 믿는 무슬림이 대부분 살고 있지만, 이곳에 교회를 세워주면 좋겠어요."

이분의 말을 듣고 나는 처음에 난감했다. 한 가정만 빼고 나머지 가정이 모두 무슬림인데, 어떻게 교회를 세울 수 있단 말인가. 하지만 하나님께서 현지인을 통해 이곳에 교회를 세우시길 원한다는 확신이 들었다. 네팔 단기선교를 하면서 불가능한 상황에서도 하나님께서 역사하시는 기적들을 경험했기 때문에 그분의 요청에 기도했다.

"하나님! 이곳에 교회를 세우길 원합니다."

기도 중에 하나님께서는 우리 가정에서 이 성전을 지으면 좋겠다는 마음을 주셨다. 그 마음대로 우리 가정이 성전을 지었다.

이 마을은 원주민이 거주하는 곳으로 추장의 권력이 막강했다. 무슬림인 추장은 우리가 처음 이곳을 방문했을 때 팔짱을 끼고 우리의 작은 움직임까지 유심히 관찰하고 방관하는 입장이었다. 하지만 채 선교사님과 말레이시아 단기팀은 계속 이곳을 위해 기도하며 그 이후 몇 년간 방문했다. 갈 때마다 정말 힘들고 어려운 상황들이 우리 앞을 가로막았지만, 이곳에 교회를 세우기 위한 우리의 믿음과 열정을 이겨낼 수 없었다. 방문할 때마다 각종 선물을 나눠주고, 동네잔치도 열어주었다. 이렇게 해마다 얼굴을 마주하다보니 조금씩 마을 사람들은 물론 추장의 마음도 얻을 수 있었다. 어느 날, 추장이 선교사님과 나를 불러 말했다.

"이 땅을 무상으로 줄 테니, 이곳에 교회를 세워요."

그 말을 듣는 순간 교회를 세우기로 결정했다.

"하나님, 고맙습니다. 감사합니다."

무슬림이었던 추장이 교회를 지을 수 있도록 교회 부지를 무상으로 제공해주다니. 정말 놀라운 일이었다. 몇 해 전, 마을 주민 한 사람의 바람이 이렇게 하나님의 도우심으로 이루어지는 기적이 일어났다.

바로 선교사님과 의논하여 진행하기로 하였다. 그리고 1년 뒤 살리리

안 교회가 세워지고 2007년 7월 17일에 입당 예배를 드렸다. 우리 교회 담임 목사님과 BCCM 총회장과 총회 임원들이 참석하였는데, 너무나 험한 길이고 시간이 많이 걸려 헬리콥터를 타고 가서 입당예배를 주님께 올렸다.

2020년 초, 코로나19가 퍼지기 전에 살리리안을 방문했을 때, 24가구 온 마을이 복음을 받아들이고 기독교 마을이 된 것을 직접 확인했다. 우리가 선교지역을 방문할 때 의료 사역, 안과 사역, 치과 사역, 전기 사역, 미용 사역, 어린이 사역을 중심으로 선교를 했다. 2006년부터 시작한 말레이시아 선교는 15년 넘게 계속 하고 있다.

우리 선교팀이 밀림 속에 있는 원주민 마을을 계속 방문한다는 소문이 주변 부족들에게 전해졌다. 우리가 방문한다는 소식을 들은 주변 부족에서도 시간을 맞춰서 살리리안에 올 정도로 우리의 선교 사역은 기적을 이루고 있었다.

몇 년 전에 추장이 한껏 뽐내며 자랑을 했다.

"선교사님, 그리고 장로님! 이 사람이 저의 형제들인데, 제가 전도했습니다."

나는 너무나 놀라서 다시 되물었다.

"네!! 추장님이 전도하셨다고요?"

그러자 추장은 웃으면서 이야기했다.

"맞아요! 제가 복음을 전했고, 여기 있는 형제들도 하나님을 믿기로 했습니다."

나는 얼마나 감사했는지 하나님께 영광의 기도를 드렸다.

"하나님! 정말 감사합니다. 복음이 얼마나 능력이 있는지 직접 보여주시니 감사합니다."

말레이시아 사바 지역 기독교 총회 BCCM

십 년을 넘게 밀림 오지 마을에 한국의 한 교회가 선교를 한다는 소문은 말레이시아 사바 지역 기독교 총회 BCCM까지 퍼졌다. 기독교 총회 BCCM에서 우리를 만나고 싶다고 선교사님을 통해 연락이 왔다. 말레이시아 현지인들도 밀림 지역에 복음을 전하는 일은 극히 힘든 일이라서 엄두조차 내지 못했던 일인데, 한국의 한 교회가 오지중 오지에 있는 살리리안 십 년이 넘도록 선교를 지속하고 있다는 말에 감동을 받았던 모양이다.

"안양제일교회 선교팀이 선교 사역을 하는데, 기독교회 총회 BCCM에서 도움을 주고 싶습니다."

말레이시아 사바 지역 기독교 총회에서 도와준다는 말에 우리 선교팀
은 너무 기뻤다. 선교 현장에서 크고 작은 어려움들이 있는데, 현지 사역
자들의 도움을 받을 수 있었기 때문에 보다 수월하게 사역들을 할 수 있
었다. 우리 선교팀은 현지 사역자들이 자생할 수 있도록 여러 가지 도움
을 주기도 했다. 또한 안양제일교회에서는 말레이시아 선교를 계기로 그
곳 총회장을 한국에 초청하기로 했다. 우리나라 기독교 현장과 문화를
접하고 말레이시아 교회를 섬기는 데 도움을 주기 위한 목적이었다. 우리
의 바람대로 말레이시아 사바땅에 많은 사람들에게 복음을 전하기 위해
지금까지 협력하고 있다.

신이 보내주신 사람들

우리 선교팀이 사역하는 살리리안 지역은 지역의 특성상 강이 있기 때
문에 배를 이용해 건너야만 했다. 그런데 이 강이 항상 물이 흐르는 것이
아니었다. 비가 오지 않으면 배를 끌고 강 위를 걸어서 올라가야만 했다.
사역을 위해서 필요한 짐들이 많이 있는데, 몇 배의 수고와 시간이 걸렸
다. 이곳을 갈 때마다 비가 오기를 얼마나 기도했는지 모른다.

어느 해는 이런 일이 있었다. 강 선착장에 도착하기 전에 비 예보가 없
었다. 나는 진심으로 하나님께서 기도했다.

"하나님, 비를 내려주세요. 비가 와서 강을 수월하게 올라갈 수 있도록 도와주세요."

강 하류는 강폭이 넓고 항상 물이 많이 흐르던 강이라서 걱정을 하지 않았지만, 강 상류는 강폭도 좁고 수심이 얕아서 비가 오지 않으면 배가 움직일 수 없는 지형이었다. 비가 오지 않으면 배를 끌고 이끼가 잔뜩 낀 자갈밭 같은 계곡을 올라가야만 했다.

말레이시아 전통 배(카누같이 생긴 배)를 타고 강 하류를 올라가기 시작했다. 하지만 항상 물이 가득 흐르던 강이 비가 오지 않아서 말라 있었다.

우리는 이동하는 중에 배가 강 바닥의 돌에 걸려서 남자 청년들이 내려서 배를 끌고 올라가야했다. 생각하지도 못했던 강 하류에서부터 배를 끌고 올라가는 것은 답사 때는 상상할 수도 없었던 일이었다. 아침부터 40도 가까이 되는 온도에 청년들의 얼굴과 팔은 화상에 가깝게 익었다. 배를 끌다가 타다가 올라가면서 기도를 멈출 수 없었다.

지쳐가는 청년들이 걱정이 되었다. 그렇게 한참을 올라갔는데 강 상류가 시작되는 곳에서 우리가 가는 지역 쪽으로 방향을 틀었다. 믿을 수 없는 일이 눈앞에 펼쳐졌다. 강 하류도 말라있었는데 그곳에는 위에서부터 시뻘건 흙물들이 쏟아져 내려오고 있었다. 우리가 도착하기 직전에 강 상류에 집중폭우가 내려서 우리가 배를 끌지 않고 너무나도 수월히 목적지에 도착할 수 있었다.

그리고 강 선착장에 도착했을 때 그곳에 있던 카누맨들이 신기한 모습을 우리를 처다보며 말했다.

"일기예보에 비가 온다는 소식이 없었는데, 당신들이 오는 걸 알고 이렇게 비가 내렸네요."
"신이 보내주신 사람들인가 봐요."

카누맨들은 그리스도인이 아니었지만, 하나님께서 우리와 함께하신다는 것을 느꼈던 것이다.

'여호와 이레.'
'할렐루야~'

살아 역사하시는 하나님께 영광을 올려 드렸다.

말레이시아 교회와 함께한
찬양 컨퍼런스

말레이시아는 이슬람 국가이다. 그것도 강경파들이 주류인 국가이다. 그래서 매번 입국할 때마다 어려움들이 있다. 한국에서 기독교를 전파하기 위해 선교팀이 온다는 것을 알면 이민국에서는 세금을 부과하거나 트집을 잡으며 절차를 강화한다. 기독교 관련 물품들은 압류해서 폐기 처분을 하기도 한다. 이국땅에서 이런 일들을 당하면 여간 곤혹스러울 수밖에 없다. 이런 일이 생기면 우리 나름대로 대책을 세워 입국심사를 무사히 마치고 입국하곤 한다. 한 해는 찬양 사역을 위해서 한국에서 많은 악기들을 가지고 가야만 했다. 입국심사 때 곤란할 것 같았는데, 입국심사원이 물었다.

"무슨 목적으로 왔는데, 이렇게 짐이 많으냐?"

그 순간, 내가 기지를 발휘해서 짧은 영어로 답했다.

"Korea university student, music team."

이 말 한 마디에 입국심사원이 입국 도장을 꾸~욱 찍어줘서 무사통과했다. 우리 선교팀을 맞이하기 위해 마중을 나온 선교사님이 입국절차가 까다롭지 않은 것을 보고 하나님께 감사를 드렸다. 말레이시아에 오는 선교팀이 입국심사에서 워낙 많이 제재를 당하기 때문이었다.

찬양 컨퍼런스를 준비하면서 말레이시아 사바 지역에 있는 교회들을 초청했다. 현지 교회 찬양팀의 환경은 열악했다. 그래서 전자건반을 상품으로 내걸고 찬양 컨퍼런스를 열심히 홍보했다. 찬양을 잘하고 열심히 하는 교회에게 전자건반을 주겠다고 홍보한 덕분이었는지 생각보다 많은 교회와 인원이 모였다.

큰 컨퍼런스 홀을 대여해서 우리 찬양팀이 찬양을 인도했다. 그리고 각 교회별로 찬양하는 시간을 마련했다. 각양각색의 사바 지역 찬양팀이 모였다. 부족별 전통의상을 입고 찬양하는 팀도 있었고, 전통춤을 추며 하나님께 영광을 돌리는 팀도 있었다. 부족어로 찬양을 드리는 팀도 있었다. 우리 찬양팀은 우리 찬양팀만의 많은 볼거리와 하나 되는 마음에 감동을 받았다. 또한 현지 교회들 사이에 이런 교류가 한 번도 없었는데,

이 계기를 통해 서로 많은 정보를 교환하며 찬양하는 시간이 되었다. 언어는 통하지 않지만 한 마음으로 하나님께 영광을 돌렸다. 찬양 컨퍼런스는 사바 지역에 있는 교회들의 호응이 너무 좋아서 매년 열리고 있다. 심지어 찬양 컨퍼런스를 참여하기 위해서 각 지역별로 예선을 치룰 정도로 많은 교회에 알려졌고, 찬양팀 실력도 많이 성장했다.

알렉스 펑과 가나안농군학교 사역

말레이시아 단기선교팀은 매년 여름방학을 이용해 꾸준히 사역을 했다. 해가 거듭할수록 우리 단기선교팀의 사역들이 말레이시아 기독교인들에게 소문이 났다. 우리의 사역에 감동하여 후원의 손길도 많이 이어졌다. 그 중에 알게 된 알렉스 펑에 대한 이야기를 하고 싶다. 알렉스 펑은 말레이시아 국제 변호사로 우리 선교팀에 대한 소식을 듣고 조금이나마 도움을 주고 싶다고 연락했다. 알렉스는 우리를 만나서 우리 선교팀의 사역들을 듣고, 그 후 매년 말레이시아 단기선교팀을 위에 매번 우리 팀을 대접했다.

어느 날, 말레이시아 채 선교사님이 알렉스에게 한국에 있는 가나안농군학교 프로그램을 소개했다.

"알렉스, 한국에 가나안 농군학교에서 운영하는 프로그램이 있는데, 이 프로그램을 말레이시아에서 하면 어떨까요?"

채 선교사님은 가나안 농군학교 프로그램을 말레이시아에서 하나님을 믿지 않은 청년들을 대상으로 하고 싶다고 했다. 알렉스는 선교사님의 이야기에 가나안농군학교 프로그램을 진행하는데 도움이 되고 싶다며 자신의 땅 수십만 평을 기증했다.

채 선교사님이 가나안농군학교를 생각한 것은 현지 사역자에 대한 어려움 때문이었다. 선교사님은 오지에 교회를 약 40개 이상 건축하여 현지 사역자를 세웠다. 현지 사역자에게 목회자 교육을 통해 교회 스스로 자립할 수 있도록 도왔다. 하지만 오지에 있는 교회들의 상황은 너무 어려웠다. 자립을 위해서 염소를 사주면 현지 사역자들은 얼마 되지 않아 염소를 팔았다. 당장 먹을 것이 없어서 염소를 키워서 뭔가를 할 수 있는 상황이 되지 않았던 것이다. 현지 사역자들의 형편이 이렇게 열악했다. 선교사님은 오지에 있는 교회들의 현지 사역자들이 자립할 수 있도록 가나안농군학교를 생각했고, 알렉스가 함께 동참하여 큰 어려움 없이 진행할 수 있었다.

채 선교사님은 하나님을 믿지 않은 청년들을 모집해서 한국으로 보내 가나안농군학교 프로그램을 수료하도록 했다. 가나안농군학교 프로그램을 수료한 청년들은 말레이시아로 돌아와 한국에서 배운 것을 토대

로 알렉스가 기증한 땅에서 농사를 시작했다. 우리 선교팀은 그 땅에 벌목을 도와주고 과실수를 심었다. 또 현지인들이 농업을 할수 있도록 여러 가지 기반사업들을 도와주었다. 현재 가나안농군학교 내에는 양계장, 양어장, 제비사역, 염소사역을 하고 있다. 식당과 축구장이 있고, 파인애플, 바나나 등 과실수들이 결실을 맺고 있다. 반 기독교적인 이슬람 기반 정부에서도 청년들의 실업을 도와주고 농업을 기반으로 경제를 부흥시킨 것에 감사하여 가나안농군학교 관련 사업에 한하여 적극적으로 도와주고 있다. 이 글을 통해 가나안농군학교 사역을 가능하게 해준 알렉스 팡에게 감사의 마음을 전하고 싶다. 그의 헌신과 수고가 하나님 보시기에 아름다웠으리라 확신한다.

청소년 사역과 조선영 자매

말레이시아 선교의 첫 사역은 2006년에 말레이시아 사바 지역 K도시에서 시작했다. 코로나19 때문에 올해 가지 못했지만, 2020년까지 계속 선교팀이 방문하여 선교사님을 도와 지역 투어 집회, 찬양 컨퍼런스, 부흥회 중심으로 현지 교회와 목회자, 성도들을 영적으로 깨우며 격려하는 사역을 하고 있다.

사바 지역에는 인도네시아 난민들이 많이 있는데, 어린 아이들도 상당히 많다. 선교사님은 우리 선교팀에게 이들이 모여 공부하는 그레이 센터 사역을 부탁하셨다. 우리 선교팀은 이곳 교사들과 함께 의논하여 어린이 사역, 레크리에이션, 영어캠프, 주일학교 교사훈련, 드라마, 무언극, 부채춤, CCM, 의료 사역, 안과, 한방치료, 미용 사역, 시설봉사 등 다양한 프로그램을 통해 복음을 전했다. 교사와 학생들과 소통하며 복음을 전하는 방식으로 진행했다.

우리 선교팀은 사바 지역을 돌며 땅 밟기 사역도 했다. 아직 복음이 전해지지 않은 곳들을 돌며 성령의 불길이 이곳에 임하게 해달라고 하나님께 간절히 기도했다. 또 작은 교회를 찾아서 우리가 도울 수 있는 것으로 사역들을 했고, 부흥집회도 열었다. 사바 지역을 돌면서 느낀 점은 이곳 사람들은 너무 순수한 마음으로 복음을 받아들였다. 외곽으로 벗어나 시골로 들어갈수록 복음에 대해 사모하는 마음은 너무나 간절했다. 이들의 마음을 온 몸으로 느끼기에 더 열심히 사역했다. 하지만 이슬람 국가인 말레이시아에서 복음을 전하는 일은 많은 어려움이 있었다. 외곽에 있는 교회 사역도 마음을 놓을 수가 없었다. 말레이시아 종교경찰은 점 조직으로 되어 있어서 누가 언제 어떻게 보고가 들어가는지 알 수 없었다. 외곽 지역에 있는 현지 사역자들은 사역을 진행하면서도 늘 불안한 모습을 보였다.

현지 사역자들의 불안은 우리가 함께 사역하는데 또 다른 장애물이 될 수 있었기에 선교사님과 함께 많은 고민을 했다.

"청소년들을 대상으로 제자훈련을 하면 어떨까요?"

무슬림들이 모여 사는 이곳은 초등학교 교사들이 모두 무슬림이었다. 그래서 청소년들을 대상으로 제자훈련을 해서 미래에 교회를 이끌어갈 지도자를 양성하면 좋겠다는 생각이었다. 그렇게 슬프르교회에서 청소년 제자훈련을 시작했다. 이곳에 교사를 파송하기가 어려웠다. 선교 센터에서 이곳으로 가는 교통편이 너무 힘들었다. 편도로 하루 종일 걸려야 갈 수 있는 곳이었다. 이곳에서 헌신적으로 제자훈련을 토요일과 주일 이틀 동안 진행하고 다시 선교 센터로 돌아오는 강행군을 무려 3년 동안 했다.

이 사역을 감당한 사람은 안양제일교회에서 단기선교사로 파송한 조선영 자매였다. 조선영 자매가 3년 동안 지도해서 제자훈련을 수료한 청소년은 108명이다. 이 중에서 목사님이 여러 명 배출되었다고 하니 조선영 자매의 헌신과 수고가 얼마나 아름다웠는지 알 수 있다.

2020년 1월 단기 때 뺑샤안교회에서 사역을 했는데, 그 곳 사역자인 여자 목사님이 조선영 자매에게 제자 훈련을 받고 목회자의 길을 갈 수 있었다고 자랑했다.

"저에게 제자훈련을 시켰던 분을 꼭 보고 싶어요."

여자 목사님은 다음 단기선교 때는 꼭 만날 수 있게 해 달라고 부탁했다. 보이지 않는 선교 그리고 당장 결실을 없어도 우리가 열심히 선교를 해야 한 이유가 바로 여기에 있다. 우리가 전한 복음이 어떻게 결실을 맺는지 바로 확인 할 수 없지만, 하나님께서는 우리가 전한 복음의 씨앗을 절대로 흩어지지 않게 하신다. 복음의 역사가 어떻게 일어나는지 우리는 모르지만, 하나님께서 일하시고, 기적을 만들어 가신다. 우리는 하나님의 역사를 믿고 순종하면 된다.

무릎 수술과 교통사고

군대에서 훈련 중에 다친 양쪽 무릎이 시간이 갈수록 좋지 않았다. 말레이시아 선교를 하던 중 자다가 비명을 지를 정도로 통증이 너무 심했다. 걷는 것도 기적이라고 말할 정도로 고통스러웠다. 2014년 말레이시아 단기선교를 떠나기 전에 내 무릎 상태를 본 의사는 강력하게 말했다.

"지금 이 상태로 선교를 하러 가시면 안 돼요!"

하지만, 나는 선교를 미룰 수가 없었다. 내게 선교할 시간이 많이 남아 있지 않는데, 시간이 촉박했다. 나는 위험을 무릅쓰고 선교의 사명감으로 말레이시아로 향했다. 인천공항에서 약국을 찾았다. 강력한 진통제를 구입해서 비행기에 오르며 하나님께 기도했다.

"하나님! 선교하는 동안 이 무릎이 잘 버틸 수 있도록 도와주세요."

함께한 선교팀들도 나의 무릎 상태를 위해 기도했다. 나는 혹여 선교하는 중간이라도 무릎이 악화되면 혼자 돌아오리라는 생각이었지만, 하나님의 도우심으로 사역이 끝날 때까지 통증을 잊고 일주일의 선교 사역을 마치고 왔다. 여름에 가던 말레이시아 선교를 2014년에는 겨울에 가게 되었다. 크리스마스 즈음해서 가면 종교단속이 느슨해 진다는 이야기를 들어서였다.

2014년 12월 23일부터 12월 30일까지 말레이시아 단기선교를 마무리하고, 곧바로 입원해서 2015년 1월, 2월에 양쪽 무릎 인공관절 교체 수술

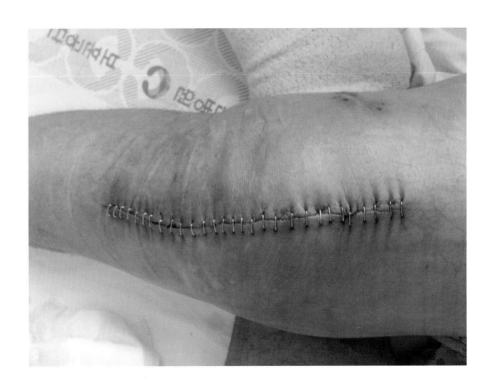

을 했다. 입원한 일수가 무려 52일이었다.

말레이시아 마락바락에서 이런 일도 있었다. 선교사님을 돕는 한국인 오혁 간사님이 계신다. 간사님이 우리 선교팀을 위해서 인근 시장에 장을 보러갔다. 그런데 시간이 한참 지났는데도 오지 않아 모두 걱정하고 있었다. 그로부터 시간이 더 흐른 후에 간사님이 숙소에 오셨는데, 하얗게 질린 얼굴이었다. 너무 걱정스러운 마음에 무슨 일이냐고 물었더니 간사님께서 힘겹게 말씀하셨다.

"가던 길에 차량사고가 났어요. 차가 전복됐는데, 어떻게 살았는지 모르겠어요."

너무 깜짝 놀란 나는 아무 탈 없이 온 간사님을 팀원들에게 맡기고 사고 현장으로 한걸음에 달려갔다. 사고현장에는 차가 전복되면서 저수지에 빠져서 침수되어 있었다. 자칫 큰 일이 일어날 수 있었던 사고였다. 다음날 날이 밝은 후 견인차로 차를 끌어내 수리를 맡겼는데, 당시 우리나라 돈으로 350만 원 정도의 수리비가 나왔다. 큰 사고였지만, 간사님이 다치지 않고 살아서 나온 것이 기적이었다.

4부

우간다 선교

우간다

- 면적 | 235,040㎢
- 수도 | 캄팔라
- 종교 | 가톨릭(33%), 개신교(33%), 이슬람교(16%), 토착종교(18%)
- 인구 | 3천1백37만명
- 언어 | 영어, 우간다어

  우간다는 아프리카 중앙 동부에 있는 나라이다. 16세기 중엽 분뇨로, 부간다 왕국 등이 세워졌고, 19세기에 들어 부간다 왕국이 득세하였다. 1894년 영국의 보호령이 되었으며 1962년 10월 영국연방에 속한 입헌군주국으로 독립했고, 다음 해에 공화국이 되었다.

결혼 30주년 기념으로 간
우간다 단기선교

우간다 단기선교는 전혀 계획에 없던 것이었다. 사실 선교팀에서는 브라질 아마존 밀림 사역을 준비하고 있었다. 그런데 어느 날, 담임목사님이 나를 찾으셨다.

"원 장로님! 아프리카 우간다에 현지답사를 다녀와 주실 수 있을까요?"

나는 담임목사님의 제안해 의아해 했다.

'갑자기 아프리카 우간다에!'

담임목사님의 말씀을 듣고 집에 와서 아내에게 말했다.

"여보, 오늘 담임목사님이 나에게 아프리카 우간다에 현지답사를 다녀오면 좋겠다고 말씀하셨어요."

아내는 나의 말을 듣더니 박수를 치면서 웃고 있었다.

"하나님께서 인도하셨네요."

내가 아내의 말에 고개를 갸우뚱거리자 아내는 신혼초에 함께 약속했던 이야기를 꺼냈다.

"여보~ 우리가 신혼때 약속한 거 잊었어요? 결혼 30주년에 아프리카로 여행을 가자고 약속했잖아요. 올해가 결혼 30주년이에요."

그렇게 우간다 단기선교가 2010년에 시작되었다.

난민촌 사역

우간다 현지답사를 위해 가장 먼저 간 곳은 르완다 전쟁난민들이 모인 난민촌이었다. 선교사님까지 모두 4명이 갔는데, 5L 물통에 물을 주며 씻고 양치까지 하라고 했다. 물통은 4명이 사용하기에 너무 작고 더러웠다. 여러 나라에 단기선교를 했지만, 더러운 물은 적응하기 힘들었다. 하지만 그곳에서는 그나마 선교팀이 왔다고 특별 대접을 한다고 했다.

다음날 아침, 난민촌에서 손님을 대접한다며 음식을 가지고 왔는데, 위생상태가 심각했다. 지금까지 선교 현장에서 어떤 음식이든지 먹었지만, 그 음식을 도저히 먹을 수 없었다. 대접한 음식을 버릴 수는 없어서 현지인들에게 나눠줬다.

우간다는 68년 동안 영국의 식민지 치하에 있다가 1962년에 독립했다. 영국 식민지의 영향을 받아 영어를 할 수 있고, 기독교인들도 꽤 있다고 선교사님이 설명해주셨다. 하지만 식민지 시대에 들어온 기독교에 대한 반감도 있었다. 영국 식민지 시절에 지배계층과의 관계를 위해서 형식적으로 기독교를 받아들였다고 하니 그 안에 복잡한 이해관계가 얽혀있을 것이다. 빈곤국에 무늬만 기독교인들이 많은 우간다를 경험하며 2010년 단기선교를 떠나기로 결정했다. 이렇게 하나님께서 우간다 땅을 품고 밟게 하셔서 안양제일교회의 선교 영역을 확장시켜 주셨다. 식민지와 경제 후진 등 우리나라의 1960년대 상황과 비슷한 우간다는 정서적 공감대가 형성되고 토착신앙과 독재정권 아래 있었다.

브라질로 단기선교를 준비하고 있다가 급선회하여 우간다로 단기선교를 떠났다. 우간다 단기선교에 아내도 함께했는데, 다른 때와 달리 이번에는 아내에게 미안했다. 결혼 30주년을 기념해서 유럽이나 해외 유명 리조트로 여행을 갈 수도 있었지만, 아프리카 그것도 빈민국 중에 하나인 우간다로 선교여행을 떠났으니 말이다. 하지만 아내는 나와 함께 우간다에 선교하러 가는 것을 좋아했다.

"하나님께서 주신 귀한 사명을 감당하는 일을 하는 것이니 좋아요! 이번에도 우리가 할 수 있는 최선의 방법으로 잘 섬겨요."

우간다에 도착한 우리 선교팀은 차카투 지역에 있는 난민촌으로 향했다. 이곳은 주변국으로부터 난민이 건너와 살고 있었다. UN에서 구조

활동을 하고 있지만, 구호물자가 부족하여 하루에 한 끼로 연명하고 있었다. 대부분의 난민들은 옷도 제대로 입지 못한 상태였다. 그들을 보고 있는 것만으로도 가슴이 아프고 답답했다. 유독 내 눈에 들어온 아이가 하나 있었다. 나는 안타까운 마음에 주머니에 있던 초코파이를 그 아이에게 줬다. 배고픔에 바로 먹을 줄 알았는데, 초코파이를 받자마자 어디론가 줄행랑을 쳤다. 그리고 10분 정도 시간이 흐른 후 그 아이 뒤로 100여 명의 아이들이 몰려와 초코파이를 달라며 우리 선교팀을 에워쌌다. 그때 얼마나 당황했는지 모른다.

난민촌에 있는 한 집을 방문했다. 직접 그들이 살고 있는 공간을 봤는

데, 실상은 더 처참했다. 가족이 하루에 한 끼로 연명하는데, 주식은 주
로 옥수수나 감자였다. 옥수수 몇 알을 저장할 공간이 없이 땅속에 묻어
두었다. 나는 궁금해서 물어 봤다.

"왜 옥수수를 땅에 묻어 뒀어요?"

그랬더니 쥐가 많아서 그냥 두면 와서 먹는다고 했다. 땅 속에 묻어둔
옥수수 몇 알을 얼마나 많이 사용한 것인지 알 수 없을 정도로 지저분한
프라스틱 컵에 담가 미지근한 물에 몇 번 휙 저어 먹는 것이 하루의 식사
라고 했다. 가족들의 한 끼 식사가 이 정도라고 하니, 보는 내내 울컥하
는 마음을 들키지 않기 위해서 입술을 몇 번이나 깨물었는지 모른다.

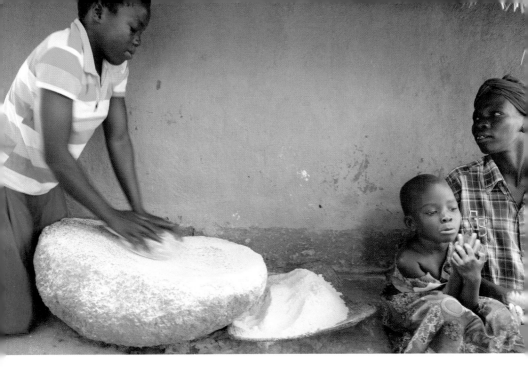

그곳에서 어떤 여자를 만났다. 그녀는 르완다에서 전쟁이 나서 피난길에 나섰다가 가족이 보는 가운데에서 집단 강간을 당해서 건강이 좋지 못하다고 했다. 얼굴 표정이 어두웠다. 그녀가 겪었던 전쟁과 고통들이 그대로 얼굴에 묻어나 있었다. 난민촌에서 하루하루를 보내는 그들의 모습을 보면서 많은 것들로 섬기고 싶었다. 나는 현지 선교사님에게 미리 예약했던 숙소를 취소해달라고 했다.

"선교사님, 우리 선교팀은 여기 난민촌에서 먹고 자면서 사역을 하겠습니다."

선교사님은 난민촌이 열악하니 쉴 때는 편안하게 쉬라고 하셨지만, 오고가는 시간이 너무 아까웠다.

다양한 사역으로 섬기는 선교팀

우간다 단기선교팀에 안양샘병원 병원장이신 황영희 박사님이 동행하셔서 의료 사역을 담당해주셨다. 아프리카 지역이 워낙 질병이 많은 곳이라서 많은 약을 준비해 갔음에도 어찌나 아픈 사람들이 많이 몰려왔는지 순식간에 처방약이 다 떨어졌다. 나중에는 선교팀을 위한 상비약까지 다 난민들에게 나눠줬다. 의료 사역을 하면서 힘들었던 점은 언어소통이었다. 어디가 아프고 증상이 어떤지 정확하게 알아야 하는데, 언어가 통하지 않으니 힘들었다. 하지만 여호와 이레이신 하나님께서 로니 전도사, 현지 성도, 메튜 버스기사 등 예비하신 많은 사람들을 통해 루간다어와 영어, 종족어의 장벽을 넘게 하셨다. 처방약을 통해 육체적 치유뿐만 아니라 우리 작은 순종의 모습이 그들의 마음까지 만지시는 힘을 느끼게 해주셨다. 또한 처방약을 주며 주변 사람들의 도움을 받으며 하나님의 말씀을 전했다.

아프리카 지역의 헤어스타일은 어디든지 거의 동일하다. 미용 사역을
위해서 한국에서 바리캉을 준비했지만, 그들의 머리카락이 곱슬머리, 그
리고 머리를 감지 않아 흙먼지 때문에 단단해서 칼날이 먹히지 않았다.
결국 시내에 나가서 현지에서 바리캉을 구입해서 미용 사역을 시작했다.
난민촌에서는 머리카락을 자르는 것도 어려워서 많은 사람들에게 호응
이 있는 사역이었다. 미용 사역을 담당하시는 집사님 덕분에 머리카락을
잘라주면서 옆에 통역사를 통해 하나님의 말씀을 전했다. 하루의 사역을
마치고, 미용 사역팀인 신인섭 집사님과 강송원 집사님에게 들으니 하루
에 천 명 이상 머리카락을 잘랐다고 했다. 손을 제대로 펴지 못할 정도로

많은 사람들의 머리카락을 잘라주셨다. 그분들의 수고만큼 복음의 씨앗
도 많이 뿌려졌다.

신인섭 집사님은 안양 일번가에서 큰 미용실을 운영하고 계시는 원장님
이시다. 신 집사님은 나와 아내의 권유로 네팔 선교를 다녀온 후로 내가
가는 거의 모든 사역지에 함께해주시면서 미용 사역으로 헌신해주신 분
이다. 때로는 선교를 위해서 2주가 넘는 기간을 운영하시는 미용실 문을
닫고 가시기도 하셨다. 또한 직원들도 함께 선교 사역에 참여했다. 직원
항공료 모두 부담을 해 주셨다. 그 헌신에 큰 감동을 받았다.

　문화 사역을 위해서 한국에서부터 많은 것들을 준비했다. 한국의 전통을 보여줄 수 있는 부채춤, 태권도, 사물놀이는 물론 예수님의 죽으심과 부활을 짧게 표현한 스킷 드라마도 준비했다. 우리의 작은 손짓과 움직임에 많은 사람들이 좋아했다. 가는 곳마다 행해졌던 문화 사역은 수백 명, 수천 명의 사람들을 모이게 했고, 공연이 끝나면 선교사님이 현지 사역자와 함께 하나님의 말씀을 전했다.

　먹고사는 것도 힘든 지역이니 그곳에 있는 난민들은 사진은 물론 거울조차 보지 못했다. 그곳 사람들 대부분은 한 번도 사진을 찍어본 적이 없었다. 한국에서 카메라와 즉석 인화기를 가져갔다. 자신의 모습을 처음 본 사람들에게 사진 사역은 그야말로 폭발적인 인기였다. 인화된 사진에 자신의 모습이 찍힌 모습을 보고 모두 좋아했다. 사진에 사람들의 이름을 적어주며 하나님이 당신을 사랑하신다고 이야기하며 전달했다. 그들은 모두 보물을 발견한 것처럼 사진을 받았다. 어른들이 사진을 들고 덩실 덩실 춤을 추었다. 신기하고도 기쁜 그들의 표정은 아직도 눈에 선하다.

우간다는 어디를 가든 우리 선교팀을 보기 위해 온 사람들로 붐볐다. 얼마나 사람들이 많이 몰려오는지 현지 경찰들이 우리의 신변 보호를 위해 우리를 따라 다닐 정도였다. 한 경찰은 우리를 따라다니면서 보고 들은 덕에 복음을 받아들였다.

어느 한 학교를 방문해서 아이들을 대상으로 어린이 사역을 했다. 교사와 아이들에게 인형극을 보여주고 부채춤과 사물놀이, 그리고 다양한 어린이 사역들을 하면서 하나님의 말씀을 함께 전했다. 아이들과 함께 하나님의 말씀을 전해들은 교장 선생님이 갑자기 눈물을 흘리면서 말했다.

"나를 구원하시기 위해 독생자 예수 그리스도를 보내신 하나님을 내가 믿을게요."

교장 선생님은 눈물을 흘리며 무릎을 꿇고 울며 하나님을 영접했다. 갑작스러운 교장 선생님의 고백은 그곳에 모인 동료 선생님들과 학생들에게는 큰 충격이었고, 많은 이들이 하나님을 영접하기도 했다.

기독교를 배척하는 무슬림

우리 선교팀은 난민촌 사역을 마무리하고 진자시로 향했다. 진자시에서 현지 사역자 로니를 만났다. 로니는 자신이 섬기고 있는 교회로 우리 선교팀을 데리고 가면서 이야기했다.

"진자시는 이슬람 지역입니다. 이슬람교도들이 예배를 드리고 있는 천막 교회를 태워 지금은 나무 밑에서 예배를 드리고 있습니다.

나무 밑 맨땅에 자리를 깔고 예배를 드리고 있었다. 로니는 안타까운 마음을 전하면서도 이렇게 예배할 수 있어서 다행이라고 말했다. 우간다 단기선교를 마무리하고 귀국한 후, 교회에서 단기선교 보고시간에 한 집사님이 간증을 하며 로니와 교회의 안타까운 소식을 전했다. 이 간증을 들으신 분들, 심지어 기독교를 믿지 않으신 분이 많은 돈을 모아 좋은 일

에 쓰라며 귀한 선교비를 주셨다. 이게 계기가 되어 교회건축이 시작되었다. 매번 느끼는 것이지만, 하나님의 역사하심은 놀랍고, 인간의 지혜로 헤아릴 수 없을 만큼 오묘하다.

이슬람교도들이 불태운 교회는 없어지지 않고, 오히려 더 튼튼한 벽돌로 새롭게 지어졌다. 벽돌 하나하나에는 그곳에 복음의 씨앗이 심겨지기를 간절히 바라는 한국인들의 마음들로 채워졌다. 매년 우간다 단기선교를 갈 때마다 이 진자교회를 방문하는데, 조금씩 모인 헌금을 교회에 전달했다. 교회는 한국에서 전해진 헌금으로 지역사회를 위한 학교를 짓는데 사용했다.

우리 선교팀이 매해 이곳을 방문할 때마다 교실이 한 칸씩 늘어가는 것이 보였다. 현재는 10칸이 넘는 정식 학교가 되어 인근 지역에서 가장 좋은 학교가 되었다. 그러다보니, 주변에 이슬람 가정의 아이들도 이 학교에 보낼 정도로 인지도가 높아졌다. 이렇게 좋은 소식들은 주변에 퍼졌고, 한국에서 온 다른 선교팀도 선교헌금을 모아 전달했다. 해가 거듭할수록 멋진 학교로 거듭나고 있는 이 학교는 미래의 아이들에게 복음을 전하기 위한 좋은 매개체의 역할을 하고 있다. 이렇게 귀한 사역들의 첫 출발점은 십여 년 전에 이슬람교도들이 천막교회를 불태워버린 것이었다. 인간의 생각으로 교회가 전소된 것은 안타까운 일이지만, 그 가운데서도 하나님께서는 우리 선교팀을 통로로 더 굳건한 교회를 세우셨다. 그리고 이슬람 지역에 복음을 전할 수 있는 학교를 세우셨다. 조금씩 변화되는 현지 모습들을 보면서 하나님께 감사와 영광을 돌리게 된다.

지금까지도 진자교회를 섬기고 있는 로니 목사님을 내가 양아들로 삼고 귀한 만남을 이어가고 있다. 한 해는 그를 한국에 초청해서 한국의 기독교 문화를 배울 수 있도록 했다. 많은 것들을 보고 듣고 경험한 로니 목사님은 하나님의 인도하심으로 열정을 다하여 우간다에 선한 영향력을 끼치며 하나님께서 살아계심을 힘써 전하고 있다.

이슬람 문화권에서는 일부다처제를 받아들이고 있다. 무슬림 지역에 있는 진자교회에서는 기독교 개종이라는 이유 때문에 혹은 개인적인 이유로 남편에게 버림 받은 아내들이 생겼다. 그들 중에는 갈 곳이 없어 교회에서 숙식하는 분들이 많다. 우리 선교팀은 그들이 생계를 유지할 수 있도록 재봉틀 10개를 헌납했다. 또 지역 사회의 경제 발전을 위해서 염소 암수 한 쌍을 제공해서 동네 주민들이 공동으로 키우게 했다. 염소에게서 우유를 얻고 새끼를 얻어 그들의 생계를 도왔다.

어느 날, 담임목사님이 나를 찾으셨다.

"장로님, 우리 교회에 한 성도님이 칠순을 기념해서 우간다에 우물을 한 개 파고 싶다고 헌금을 하셨어요."

너무 귀하고 감사했다. 가족들끼리 좋은 시간을 보낼 수 있는데, 우간다 사람들을 위해서 귀한 헌금을 해주셨다. 기쁜 마음에 선교사님께 곧바로 연락을 드리고, 곧바로 우물을 파내 동네 주민들이 이용했다. 하지만 이슬람 교인들이 이 사실을 알고 한밤중에 우물에 사용하는 펌프를 훔쳐가고, 우물에 사용하는 파이프 관에 자갈과 세면트를 채워 넣어 주민들이 아예 사용하지 못하도록 했다. 하나님의 귀한 사역을 싫어하는 사탄의 계략이 항상 도살이고 있었다. 사탄의 방해 때문에 우리는 늘 기도하며 하나님의 도우심을 구해야 한다. 특히 선교 지역에서는 영적 싸움이 심각하게 일어나기 때문에 선교를 떠나기 전부터 영적훈련에 힘써야 한다. 그렇지 않으면 선교 현장에서 순간순간마다 우리의 믿음이 흔들릴 수 있다. 동네 주민들과 함께 경찰에 신고해서 범인들을 잡고 원상복구를 명령해서 지금은 동네 주민들이 그 우물이 아닌 동네 간이상수도를 잘 사용하고 있다.

남수단 선교

해가 거듭되면서 우간다 선교는 조금씩 자리를 잡아갔다. 우리는 우간다 이웃나라인 수단으로 지경을 넓히기로 했다. 수단은 지금도 잦은 내전으로 치안 상태가 좋지 않을 정도로 위험한 나라다. 우리는 그나마 안전한 남수단의 복음화를 위해 힘썼다. 남수단도 우간다보다 상황이 매우 안 좋았다. 우간다보다 교육시설이 열악해서 많은 아이들이 학교에 갈 수 없었다. 남수단을 선교하기 위해 선교답사를 다녀온 후 이곳에 학교를 지어야겠다는 생각을 했다. 토지를 정하고 허가도 절차를 받아서 건축할 일만 남았지만, 아직까지 학교를 세우지 못했다. 학교를 지으려는 곳에서 내전이 발발해 몇 년째 진행중이기 때문이다.

남수단의 교회시설은 대체로 열악하고, 가난에 많은 국민들이 영양실조로 허덕이고 있다. 우리 가정에서 남수단에 교회 2곳을 세웠다. 한 교

회는 건축한 후 방문했지만, 다른 한 교회는 내전으로 방문할 수 없었다. 내전의 상황은 더욱 악화되어 남수단에 방문하는 것조차 힘들어졌다. 내전 때문에 수단을 탈출한 난민들이 우간다에 국경 지역에 모여 살고있다. 그 인원은 무려 150만 명 정도 된다고 추산했다. 우리는 남수단을 방문할 수 없어서 난민촌에 20개 정도의 교회를 지어 하나님의 말씀에 목말라하는 이들을 위해 힘썼다. 남수단 전쟁 난민촌은 많은 부족들이 모여 있었다. 그들은 하나님을 더 알고 싶어 했다.

"장로님, 하나님을 더 알고 싶어요. 하지만 우리 언어로 된 성경책이 없어요."

참 안타까운 일이었다. 우리에게는 풍족한 성경책이 그들에게는 구하기 힘들뿐더러 자신들의 언어로 된 성경책이 아예 존재하지 않았다. 우리는 마음만 먹으면 언제 어디서든지 하나님의 말씀을 읽을 수 있었지만, 그들은 간절한 마음이 있어도 그렇게 할 수 없었다. 나는 한국으로 돌아가 이 상황을 최원준 담임목사님께 말씀드렸고, 담임목사님은 금요성령집회 시간에 선교보고를 하면서 이들의 안타까운 마음을 성도들에게 전했다. 하나님께서 성도들의 마음을 움직이셔서 그날 금요일부터 주일 예배까지 5천만 원 정도의 선교헌금이 모였다. 그 헌금을 선교사님에게 전달하여 그들의 부족어로 성경을 번역해서 나눠줬다. 성경책을 받으며 환하게 웃는 그들을 보면서 마음이 울컥했다.

"우리나라 그리스도인들도 이렇게 하나님의 말씀을 사모하는 마음을
가지면 얼마나 좋을까!"

하나님의 말씀을 갈구하는 그들의 모습이 성경책이 넘쳐나는 한국과
너무 대조되었다.

어느 날, 남수단에서 사역을 마치고 다른 지역의 사역을 위해 차량으로
이동하고 있었다. 하루종일 차 한 대 지나지 않은 허허벌판이었다. 한참
을 달리고 있다가 만삭의 임산부를 만났는데, 위급한 상황이었다. 양수
가 터져 곧 출산이 임박했다. 다행히 선교팀 중에 산과 경험이 있는 간호
사 출신 염 권사님이 계셔서 아이를 받을 준비를 했다. 우리는 트럭 짐칸
에 있는 짐들을 치우고 그곳에 통증을 관찰하면서 산모집으로 천천히 이
동하였다. 다행히 도착하여 산모와 아이 둘 다 건강했다. 산모는 자신과

아이를 살려줘서 고맙다고 했다.

"우리를 살려줘서 고맙습니다. 당신은 우리의 생명의 은인입니다."

영혼의 생명뿐만 아니라 위급한 생명을 구원한 일에 우리 모두 상기됐다. 산모는 갓 태어난 남자아이를 안고 이름을 지어달라고 했다. 나는 그 아이를 바라보며 곰곰이 생각했다.

"Paul Won, 원바울. 어때요?"
"좋아요. Paul Won."

이 아이가 바울과 같이 하나님의 말씀을 전하는 전도자의 삶을 살았으면 하는 마음으로 나의 성과 함께한 선교사님이 우간다에서 쓰는 이름으로 지어줬다. 다음 해에 우간다를 방문했을 때 나는 산모와 아이를 위해 선물을 이것저것 가지고 갔다. 하지만 안타깝게도 내전으로 인해 지금까지 방문할 수 없게 됐다. 나는 그저 하나님께 기도할 뿐이다.

"하나님, 하나님께서 구원하신 산모와 원바울이 건강하게 잘 지낼 수 있도록 도와주세요."
"원바울이 잘 자라서 전도자의 삶을 살아갈 수 있도록 그의 삶을 인도해 주세요."

___

우간다 교회의 예배와 찬양하는 모습

우간다의 교회는 대부분 흙바닥에 앉아 예배를 드리고 합석지붕을 올린 구조다. 조금 환경이 좋지 않은 곳은 천막으로 구획을 구분했다. 어느 교회를 가든지 사람들로 인산인해를 이뤘다. 환경이 좋지 않아도 하나님을 향한 그들의 믿음은 막을 수 없었다.

저녁이 되면 마을에 정해진 장소에 우리가 준비한 렌턴으로 주변을 환하게 밝혔다. 저녁집회를 시작하자 마을 곳곳에 흩어져 있던 사람들이 모이기 시작했다. 수백 명이 모여 하나님을 찬양했다. 내가 그동안 경험하지 못했던 모습들에 신기했다. 우간다에서 예배는 보통 3~4시간 정도 드린다. 찬양을 부를 때도 한 곡을 30~40분 부른다. 그들의 특유한 리듬감이 담긴 춤과 목청껏 부르는 합창으로 온 마음과 정성을 다해서 찬양을 부른다. 무더운 날씨에 땀을 많이 흘리면서도 환한 얼굴표정으로

하나님께 찬양들 드리는 그들의 모습에 덥다고 앉아서 예배를 드리던 나의 모습을 부끄럽게 했다.

'아! 찬양은 이렇게 하는구나!'

혼신을 다해 찬양하는 그들의 모습에 하나님의 임재를 경험하는 집회였다.

하루 한 끼니를 걱정할 정도로 힘들지만, 헌금시간이 되면 과부의 두 렙돈처럼 자신의 모든 것을 담아 드린다. 어느 가정은 형편이 어려워 감자 한 개를 헌금함에 넣었다. 어떤 집은 옥수수 한 개를 넣었다. 한국에서는 추수감사절이나 교회학교 교육 전시용으로 채소나 과일을 모아서 하나님께 드리는데, 이들은 자신의 끼니를 어쩌면 전 재산일지도 모르는 음식을 하나님께 드렸다. 이들의 믿음에 나는 저절로 고개를 숙였다.

"하나님, 아주 작은 불편함 때문에 불평했던 저를 용서해주세요."
"목숨과도 같은 물질을 하나님께 정성껏 드리는 이들의 모습이 제 삶에도 이루어지게 해주세요."

헌금시간에 드린 그들의 모습은 큰 감동과 함께 나에게 도전으로 다가왔다.

선교팀 건강과 교통사고

단기선교팀으로 여러 나라를 다녔지만, 우간다는 정말 위생 상태가 좋지 않다. 아프리카에 입국을 하려면 황열병 예방주사를 맞고 접종확인서를 여권에 붙여야지만 입국이 가능하다. 하지만 황열병 예방주사가 워낙 독해서 매년 주사를 맞는 팀원들 중에 한두 명은 응급실에 가기도 하고 고열에 시달리며 고생하기도 했다. 또 매년 선교팀에서 두세 명은 장염에 걸려 고생을 한다. 이동식 정수기를 이용하고 물을 끓여 먹어도 매년 설사, 구토로 고생하는 팀원들이 있다. 한국에서 좋은 지사약이나 구토 억제제를 가져가도 소용이 없었다. 한국에서 가지고 가는 약보다는 증상이 있을 때 현지 약국에서 판매하는 약을 먹는 것이 효능이 좋다. 더불어, 본인 스스로 위생에 신경을 써야 한다. 항상 손을 씻고 휴대용 손소독제를 사용하는 것이 좋다. 그리고 꼭 명심할 것은 출국하기 전에 말라리아와 황열병. 파상풍 예방접종을 해야 한다. 생각보다 위생시설이 열악해서 질병 예방에 각별히 신경을 써야 한다.

위생 상태가 좋지 않기 때문에 각종 벌레들의 주의도 필요하다. 몇 번의 경험으로 우리 선교팀은 한국에서 계피를 구입해 에탄올로 일주일 정도 우려낸 후 그 액체를 개인 스프레이 병에 담아서 온다. 각종 벌레퇴치용으로 사용한다. 수시로 몸에 뿌려서 벌레들이 접근하지 못하도록 한다. 한국에서 말린 쑥도 많이 준비해 간다. 해가 지기 전에 숙소 근처나 집회 근처에 말린 쑥을 모아두고 불을 지피면 연기와 함께 쑥의 진한 향이 주변으로 흩어져 모기가 접근하지 못한다. 말린 쑥은 안양노회 당정만안교회 진형권 장로님이 매년 제공해주셨다.

어느 날, 선교팀 저녁 식사 준비 중에 식재료가 부족해서 인근에 있는 시장으로 장을 보러 갔다. 내가 운전하고 통역과 현지 사역자 1명, 그리고 아내가 동행했다. 비포장 도로에 상태가 좋지 않았다. 한참을 가다가 둔턱을 미처 피하지 못하고 크게 부딪혔다. 큰 충격으로 아내는 머리를 부딪쳐 순간 정신을 잃었다. 놀란 나와 현지 사역자가 차를 세우고 아내를 흔들어 깨웠다. 다행히 30초 정도 지났을 때 아내가 눈을 떴다. 나는 아내를 잃는 줄 알고 얼마나 겁이 났던지 그때를 생각하면 지금도 아찔하다. 아내는 걱정스러워하는 우리의 모습에 순간 선교지에서 순교하는 줄 알았다고 농담을 던졌다.

5부
브라질 선교

브라질

- 면적 | 8,511,965㎢
- 수도 | 브라질리아
- 종교 | 로마가톨릭(73.6%), 개신교(15.4%)
- 인구 | 1억 9천8백만 명
- 언어 | 포르투갈어

브라질은 오랫동안 포르투갈의 식민지로 지배를 받고 있었던 영향으로 은근히 백인들의 우월주의가 모든 분야에 깔려 있다. 강제로 노예로 끌려온 흑인들은 그들의 삶에 한이 맺혀 있으나, 역사적 의식 부족으로 현실에만 만족하고 사는 흑인들과 혼혈인들이 대부분이다. 그리고 소수의 본토 인디언들이 있다. 후에 여러 나라에서 이민 온 다양한 인종의 형성으로 특이한 브라질 문화를 지니고 있다.

국민의 약 80%가 로마가톨릭 신자이고 세계에서 로마가톨릭 신자가 가장 많은 나라이다. 그러나 아프리카에서 노예로 건너오게 된 흑인들의 영향으로 아프리카 토착 종교(움반다, 마꿈바)가 광범위하게 융합되어 있

다. 국교는 없으며, 종교의 자유가 보장되어 있다. 로마가톨릭교회 이외에 브라질 성공회, 개신교회, 불교, 이슬람교 신자도 있다. 브라질에서는 최근 개신교의 신도 수가 급격히 늘어나는 반면 로마 가톨릭 신자의 비중은 갈수록 낮아지고 있는데, 성령운동을 강조하는 오순절 교회가 가장 큰 교파이다. 이는 대부분 중남미 개신교회들의 특징이기도 하다. 하지만 개신교 목사들의 낮은 신학 수준, 기독교 근본주의 성향을 가진 미국 개신교회의 물량공세식 선교 등의 문제점이 지적되기도 한다. 그 외에 이단들이 많다. 여호와증인(세계1위), 정령숭배주의, 몰몬교, 안식교, 브라질 회중교회, 오순절 교회에서 파생한 가지각색 교회 비슷한 공동체 모임들이 많다.

아마존 일몰

브라질 단기선교를 시작하다

안양제일교회 첫 번째 파송 선교사는 브라질에 계신 김창식 목사님이다. 김 선교사님은 브라질 현지 변호사로 현지 교회들이 법정 소송에 휘말리면 무료로 법률상담을 해주고 있다. 안양제일교회가 가장 먼 곳인 브라질에도 단기선교팀을 파송하기로 했다. 다만 브라질 선교는 너무 힘든 곳이기 때문에 훈련된 청년들을 선별해서 가야만 했다. 그래서 해외 단기선교의 경험이 있는 청년들로만 브라질 단기선교팀을 꾸렸다.

2010년 우간다 단기선교를 가기 전에 준비한 곳이 브라질이었다. 담임목사님의 요청으로 브라질에서 선회하여 우간다로 선교를 떠난 후, 2014년 4월 10일에 현지답사를 떠났다. 18일 동안 브라질에서 머물며 선교 사역에 대한 계획을 세웠다. 그리고 그해 8월 11일부터 27일까지 17일 동안 15명이 브라질에 선교 사역을 진행했다.

한국에서 출항하는 노선 중에 가장 먼 곳이 브라질이라고 한다. 한국에서 직항이 없기 때문에 미국 LA에서 환승하여 브라질 상파울로로 가야 한다. 한국에서 LA까지 11시간, LA에서 브라질 상파울로까지 10시간이 걸리고, 환승하기 위해 대기하는 시간까지 고려하면 꼬박 24시간 이상이 걸린다. 우리가 사역할 곳은 아마존 밀림 지역이었기 때문에 상파울로에서 아마존 밀림까지 들어가야 했다. 하지만 상파울로에서 아마존 밀림까지 직행으로 가는 곳이 없었다. 심지어 그곳에 가기 위해서 다시 이웃나라인 콜롬비아 수도 보고타로 이동해야 했다. 그곳에서 또 다른 비행기를 타고 콜롬비아와 브라질 국경에 있는 콜롬비아 레티시아 공항까지 갔다. 레티시아에서 육로로 다시 국경을 넘어 브라질로 들어서고, 차로 브라질 아마존 입구에 있는 따바찡가(Tabatinga) 지역으로 향했다. 이곳에 신학교가 있는데, 이름이 삼국경신학교(페루. 브라질. 콜롬비아)이다. 인천 공항에서 삼국경신학교까지 52시간 정도 걸린 것으로 기억한다. 삼국경신학교에서 아마존 인디오 마을까지는 배로 5시간 정도 걸린다. 아마존의 대부분 마을은 강의 지류를 타고 강 주변에 분포해 있다. 이동시간만 3일을 소모하면서 아마존 인디오 마을까지 가는 이유는 그곳에 하나님의 복음을 기다리는 사람이 있기 때문이다. 네팔 단기선교 때 "왜 이제야 왔느냐?" 하며 화를 냈던 그분의 목소리가 아직도 내 귓가에서 떠나지 않는다.

——

광견병! 그게 뭔데?

아마존 부족들을 돌며 선교하던 중 어느 한 마을에 도착했다. 선교팀 모두 숙소에 짐을 풀고 선교활동을 시작했다. 이삼일 지나고 어느 때와 같이 아침에 숙소에서 나오는 길이었다.

"아~"

어디선가 나타났는지 갑자기 동네 개가 달려들어 내 종아리를 물었다. 주변에 있던 사람들이 개를 떼어내고 종아리를 봤다. 상처가 심했다. 광견병 전염이 우려됐다. 통역하는 사람에게 물어보니 오토바이로 40분 정도 거리에 보건소가 있다고 했다. 동네 주민에게 부탁해서 오토바이를 타고 보건소로 향했다. 보건소에서 말이 전혀 통하지 않아 어떻게 해야 할지 몰랐다. 나는 직접 상처를 보여주며 개 흉내를 냈다. 나의 몸짓에 무슨 뜻인지 알아들었는지 상처를 유심히 살펴보고 냉장고로 향했다. 나는 그제야 안도의 한숨을 내쉬었다.

"없어요. 약이 하나도 없어요."

냉장고 안이 텅텅 비어 있었다. 약이 하나도 없었다. 심지어 소독약이나 바르는 연고도 없었다.

"지금 약을 주문하면 빨라야 일주일 정도 걸려요. 그것보다 더 오래 걸릴 수도 있고요."

너무 느긋하게 말하는 보건소 직원의 행동에 나의 마음은 급했다. 빨리 약을 먹고 상처를 치료해야 하는데. 당장 치료를 받을 수 있는 길은 없는지 재차 물어보니, 배를 타고 5시간 이상 가야한다고 했다. 더구나 이미 배편이 끊겨서 내일이나 배가 뜬다고 했다. 아마존 인디오 마을이 얼마나 열악한 상황에 있는지 알 수 있었다. 내 힘으로는 어떻게 할 방법이 없어서 다시 숙소로 돌아왔다. 보건소에서 소독조차 처방받지 못하고 시간만 허비했다. 선교팀 비상약으로 소독을 하고, 하나님께 매달렸다. 할 수 있는 게 기도밖에 없었다. 우리 선교팀도 합심해서 기도했다.

"원 장로님, 광견병에 걸리지 않게 해주세요."

밤이 깊도록 계속 기도하고 있는데, 숙소 밖이 소란스러웠다. 개 주인이 돌아왔다는 것이다. 그가 우리를 보자마자 하는 말에 우리는 박수를 치며 하나님께 감사를 드렸다.

"아~ 너무 걱정하지 마세요. 우리 개는 이 동네에서 유일하게 광견병 주사를 맞았어요."

할렐루야! 나중에 들은 이야기지만, 그곳에 있던 대부분의 사람들은 광견병이 무슨 병인지도 모른다고 했다.

아마존 인디오 부족 방문과
삼국경신학교

아마존 밀림에는 부족 단위의 마을 공동체들이 있다. 각 마을에는 부족장이나 추장이 막강한 권력을 가지고 통치한다. 아마존 밀림에 있는 인디오 부족들은 희귀성 때문에 각 나라의 방송국에서 이곳 사람들을 취재하기 위해서 많이 방문한다. 그때마다 부족장은 취재협조를 위해 일정 금액을 요구한다고 했다. 원시 마을 공동체가 마을 수입원이 되고 있는 것이다. 우리가 이곳을 방문했을 때에도 부족장은 돈을 요구했다. 2014년 당시에 100만 원 정도를 요구했던 것으로 기억한다. 많은 시간과 비용을 들여 이곳까지 방문했기에 예산이 빠듯했다. 우리는 현지 사역자의 도움을 받아 돈을 요구하지 않은 인근 마을을 찾아 선교활동을 진행했다.

아마존 밀림에 있는 인디오 마을들을 배로 이동하면서 어린이 사역과

문화 사역을 진행했다. 다니는 마을마다 아이들이 많아서 준비해간 부채춤, 사물놀이, 서킷 드라마 등을 보여주며 모인 아이들을 대상으로 여름 성경학교를 진행했다.

밀림지역에 걸맞게 해충, 독충이 정말 많다. 저녁에 집회를 하고 있으면 어른 주먹 크기만 한 독거미들이 벽에 기어 다닌다. 모기 퇴치제나 모기장 등을 준비해갔지만 잠깐 씻을 때나 화장실에서 달려드는 모기로 인해 모든 팀원들의 팔 다리가 성한 곳이 없었다. 물린 곳은 벌겋고 부어 고생을 많이 했다.

삼국경신학교

아마존 입구에 있는 삼국경신학교는 양성식 선교사님이 섬기시고 있다. 이곳은 브라질, 페루, 콜롬비아 3개국에서 모여 하나님의 말씀을 공부하고, 더불어 양어장, 농업, 양돈, 양계 등 생계를 유지할 수 있는 기술을 배우는 곳이다. 하지만 신학교에 있는 양어장이나 양계장 어류, 가축들을 인근 도둑들이 지속적으로 훔쳐가서 신학교 재정에 큰 타격이 있다고 한다.

우리 선교팀은 현지 신학교 학생들을 대상으로 성경강의와 레크리에이션 진행을 교육했다. 신학교에 교육을 받은 학생들은 각자의 고향으로 돌아갔다. 신학교에서 교육받은 지식과 기술로 마을 경제를 살리고, 교회를 개척하고 주민들에게 하나님의 말씀을 전하며 전도했다.

6부
태국 선교

태국

- 면적 | 514,000㎢
- 수도 | 방콕
- 종교 | 불교(94.6%), 이슬람교(4.6%)
- 인구 | 6천5백49만명
- 언어 | 타이어

동남아시아의 인도차이나 반도 중앙부에 있는 나라이다. 19세기에 유럽 열강의 압박 속에서 사법, 행정제도 개혁과 함께 근대화 실행과 영국과 프랑스의 대립을 이용함으로써 식민지화의 위기를 벗어났다. 1932년 입헌군주국으로 발족했고, 1939년 국호를 시암(Siam)에서 타이로 변경했다.

쓰나미가 지나간 태국으로 떠난
구제 선교

2004년 네팔 단기선교를 다녀온 후 곧바로 네팔 단기선교 2기를 준비했다. 하지만 네팔에서 김원식 선교사님으로부터 네팔 내란으로 정국이 불안하다는 연락이 왔다. 선교팀은 네팔 상황을 지켜보면서 네팔을 위해 기도하며 여러 가지 준비를 했다. 2005년 2월초에 네팔로 떠나기로 한 날이 다가왔지만, 네팔 상황은 좋아지지 않았다. 2004년 12월쯤 김원식 선교사님께서 너무 위험하니 이번에는 취소하는 것이 좋을 것 같다는 연락이 왔다. 김원식 선교사님의 소식에 우리는 참 난감했다. 미리 비행기 표도 예매하고, 청년들 대부분이 오래전부터 선교기간에 맞춰 휴가를 낸 상태였다.

이러지도 저러지도 못한 상황에 처했는데, 2004년 12월 26일에 태국에 쓰나미가 발생했다는 뉴스를 접했다. 안양제일교회에서는 태국으로 파송한 선교사님이 없어서 총회의 도움을 받아 홍경환 태국 선교사님을 소개받았다. 그렇게 우리는 네팔에서 태국의 쓰나미 복구 사업으로 방향을 틀었다. 다른 선교와는 달리 하나님의 복음을 전달하기보다 재난 구조 활동에 중점을 둔 봉사활동의 성격이 강한 단기선교였다. 태국에 도착하여 현장에 가니 6개국의 나라가 복구 사업에 참여하고 있었다. 홍경환 선교사님이 여섯 개 나라 중에 한국팀을 총괄하시는 일을 하고 계셨다. 우리 선교팀이 제일 먼저 도착했고, 다른 한국의 2개 팀이 이후에 도착했다.

쓰나미가 발생 후 40여일이 지났음에도 불구하고, 쓰나미 현장은 전쟁터를 방불케 했다. 군 경비정이 떠 내려와 마을 한가운데에 있었고, 물이 고인 곳에는 실종인원을 찾기 위해 흙탕물에 동네주민이 들어가 찾고 있었다. 쓰나미가 집이고 나무며 마을 전체를 흔적도 없이 싹 쓸어가 버렸다. 태국은 예전에 휴양지로 알려진 평화롭고 아름다운 바다가 아니었다. 바다는 온통 쓰레기와 부서진 집들의 잔해들로 가득 차 있었다.

마을 한가운데 물이 고여 썩은 냄새가 코끝을 찔렀다. 물이 배수되지 못해서 마을이 썩은 저수지처럼 되어버린 그곳에서 생존자들은 가족들의 시신이라도 찾으려고 맨발로 들어갔다. 맨손으로 물속을 뒤지고 다니는 모습에 내 마음은 찢어질 정도로 아팠다. 눈길을 돌리다보면, 물에 떠내려 온 시신이 보이기도 했다. 아비규환과 같은 그곳에서, 사라진 마을 한복판에서 우리는 구조 사역을 시작했다.

태국 선교는 구정연휴를 포함해서 가는 일정이라서 직장에 다니는 청년들이 다수 지원을 했다. 팀원 중에 딸도 있었는데, 회사휴가 일정이 맞지 않아서 본팀과 함께 오지 못하고 3일 후에 따로 태국으로 오게 되었다. 본팀이 태국에 도착해서 짐을 풀었는데, 2주 동안 먹을 반찬박스가 보이지 않았다. 한국에 전화해서 확인하니 전날 시원한 곳에 둔다고 청년부실 발코니 쪽에 둔 반찬박스를 두고 온 것이었다. 큰 낭패일 수 없었다. 하지만 후발대로 들어오는 딸이 있어서 3일 후에 우리는 반가운 마음으로 한국반찬을 먹을 수 있게 되었다.

우리가 사역하는 동안 많은 분들이 도움을 주셨다. 한국에서 생수를 보내주신 업체도 있었고, 태국에 있는 한국 대사관에서 설 연휴에 고생한다며 떡과 고기를 제공하며 우리를 응원해주셨다. 우리팀 자매들이 설날 (구정)이라며 떡국을 100인분을 끓여서 한국에서 온 다른 팀들에게 대접도 했다. 마땅한 장비가 준비 되지 않은 상황에서 100인분의 떡국을 끓이는 것이 쉽지 않았다. 우리팀에는 결혼을 한 집사님이나 권사님이 계시지 않았다. 떡국을 끓여본 적이 없는 우리팀 자매들이 전기밥솥에 국을 끓이고 작은 냄비에 떡을 끓여서 육수를 부어서 먹었다. 그릇도 부족해서 한 팀이 먹고 나가면 남자청년들이 설거지를 해서 다음 팀을 대접했다. 우리 팀원들의 수고로 맛있게 떡국을 나누고 함께 연합예배를 드리고 태국에서의 조금은 특별한 설 명절을 보냈다. 식사를 마치고 가는 다른 팀에게 한국에서 준비해 온 김치를 전해주자 모두 감탄하며 고마움을 전하기도 했다. 다른 팀들이 돌아간 후에는 우리팀 청년들이 나와 선교사님께 세배를 하겠다며 세배를 해서 만원씩 세뱃돈을 청년들에게 주었다. 힘든 상황에서도 함께하는 섬기고 배려하고 나누는 모습을 보면서 기쁨을 느끼기도 했다.

태국에서 복구 작업을 하는 동안 날씨가 우리를 도와주지 않았다. 43도까지 오른 온도에 습하기까지 한 태국 날씨에 우리는 끊임없이 물을 마셔야 했다. 1인당 하루에 1.5L 생수통을 네다섯 개씩 마셨다. 목이 타들어간다는 게 어떤 것인지 알 것 같았다. 새벽에 큰 아이스박스에 얼음을 채워 생수통을 가득 담아서 복구지역으로 갔다. 복구 작업을 하는 중간에 마시는 시원한 냉수 한 잔이 우리의 피로를 없앴다. 땀을 많이 흘려서 탈진할 위험이 있었기 때문에 아침저녁으로 정제된 소금을 한두 알씩 먹었다.

무너진 집들을 복구하는 집짓기 사역

우리가 주로 투입된 복구 작업은 무너진 집들을 복구하는 것이었다. 18명이 참여한 우리 팀은 동네 대표의 안내를 받아 집을 짓기 시작했다. 태국에서의 사역은 다른 나라의 사역과 달리 또 다른 면에서 정말 힘들었다. 40도 가까이 되는 온도와 80% 가까이 되는 습도에서 우리는 그늘하나 없는 땡볕에서 쓰나미로 무너진 집들을 지어주는 사역을 했다.

작은 섬에 있는 마을에 집을 지어주기로 했다. 우리가 복구하는 집은 쓰나미로 부모와 아내, 그리고 자녀까지 5명의 가족을 잃은 한 남자의 집이었다. 그의 가족들이 모두 실종된 상태였고, 생사여부를 알 수 없었다. 우리는 그의 사정을 들으며 안타까운 마음이 가득했다. 우리가 그를 도울 길은 그를 위한 집을 짓는 것이었다. 그는 처음에 그늘에 앉아 담배만 피우며 구경했다.

'뭘 얼마나 하려고!'

집주인이 이런 생각을 하고 있다는 것에 조금 화도 났지만, 현지인들의
이야기를 들으니 조금 이해가 되기도 했다.

"집 한 채를 지으려면, 보통 한 달이 넘게 걸려요. 여기 있는 동안 집을
다 지을 수 있겠어요?"

집주인과 현지인들의 말처럼 집을 짓는 것이 쉽지 않았다. 하지만 한
마음, 한 뜻으로 집을 짓기 시작한 우리는 현지인들이 한 달 넘게 걸려야
완공할 집을 10일 만에 85% 완성했다. 큰 기대감 없이 구경만 하고 있던
집주인도 우리 팀이 열심히 하는 모습과 집이 조금씩 완성되는 과정을 보
고 우리를 돕기 시작했다. 쉬는 시간에 우리 팀이 마실 수 있도록 코코넛
을 따서 가져오기도 했다. 심지어 집이 완성되는 마지막 날에는 식사도
준비해서 우리를 대접했다. 그렇게 우리는 15일간 그 집을 포함해서 2채
의 집을 짓는 강행군을 했다.

우리 팀원들 중에 집을 짓는 일을 해본 사람이 나를 제외하고는 전혀
없었다. 심지어 한 번도 공사장에서 일을 해본 적도 없고, 삽자루도 잡아
본 적이 없는 청년들도 많았다. 내 주도하에 기초공사부터 차근차근 시
작했다. 공사장에서 어떻게 해야 하는지 아무런 경험이 없었기에 아주 작
은 것부터 알려주며 사역을 진행했다. 자매들이 철근을 구부리고 남자청

년들이 시멘트를 개서 벽돌을 쌓았다.

6개국에서 온 사람들도 함께 일손을 도우며 집을 짓기 시작했다. 나는 군 시절의 경험을 바탕으로 선교팀을 훈련하고 진행했다. 복구 작업을 할 때도 군대식으로 호각을 불며 시간에 맞춰서 50분 사역을 하고, 10분 휴식을 취하도록 했다. 형제들뿐만 아니라 자매들도 손에 물집이 잡히고 피가 날 정도로 열심히 사역에 임했다. 그곳 현장에서 현지 사람들이 겪은 아픔을 직접 보고 느꼈기에 자신의 몸을 돌보지 않고 열심히 복구 작업에 임했다. 청년들이 무리를 했는지, 많은 청년들이 열사병에 쓰러져 병원에 실려 가기도 했다. 나중에 홍 선교사님을 통해서 들은 이야기로, 다른 나라 사람들이 우리 팀을 보고 한국에서 군대를 파견한 줄 알았다고 한다. 열심히 활동하는 우리 팀의 모습을 보며 각 나라별 팀들이 부끄러워 더 열심히 참여하게 됐다고 고백했다고 한다.

우리 선교팀원 중에 성악을 전공한 자매가 있었다. 밥 당번이나 일을 잘할 줄 몰라서 팀원들의 눈총을 받았다. 어떤 팀원들은 이 자매에게 여러 가지 쓴 소리를 내뱉기도 했다. 사역을 하는 중간에 발성연습을 한다며 소리를 내는 모습이 다른 팀원들에게는 좋지 않게 보였다. 그렇게 시간이 지날수록 팀원 간에 감정의 골이 깊어졌다. 나는 서로를 알아가는 시간이 필요하다고 생각했다. 성악을 전공한 자매는 발성연습을 수시로 해야 하는 이유에 대해서 진지하게 이야기했고, 더불어 평생 성악만 해서 다른 일들은 잘 하지 못 한다며 있는 그대로의 모습을 팀원들에게 전했

다. 다른 팀원들에게 피해를 주기 위해서 한 행동이 아니라는 것을 잘 알게 된 우리는 이 자매를 품기로 했다. 나는 이 자매가 고백한 것을 듣고 좋은 아이디어가 생각났다.

"자매님, 이왕에 발성연습을 해야 하니까 쉬는 시간마다 팀원들을 위해 노래를 부르면 어떨까요?"

이후에 성악을 전공한 자매는 쉬는 시간마다 노래를 불렀다. 그녀의 노래는 우리 팀뿐만 아니라 다른 나라 사람들에게도 위로가 되고 힘을 줬다. 특별히 그 자매가 부른 "Amazing Grace"에 외국인들은 "브라보, 원더풀"을 외치며 자매에게 응답했다.

우리를 대접했던 가족 5명을 잃은 분은 우리 팀이 헌신하는 모습을 보고 하나님을 영접했다. 사역을 마무리하고 귀국길에 오를 때 그분이 내 손을 꼭 잡으면서 당부했다.

"장로님! 장로님이 지은 집이니 나중에 꼭 한 번 와서 우리 집에서 자요."

그분의 초대에 나는 "꼭 그렇게 하겠다" 하고 말했다. 그로부터 6년 후 그 약속을 지키기 위해서 찾아 갔다. 하지만 3개월 전쯤 다른 곳으로 이사를 갔다고 했다. 주변 사람들에게 이야기를 들으니, 이 집에서는 계속 가족들이 생각나서 살 수가 없다며 견디다 못해 떠났다고 한다. 그 분이 어디에 있든지 하나님을 잘 믿길 기도한다.

복구 작업을 하는 동안 안양제일교회에서도 많은 격려를 해주셨다. 하루에도 수십 통의 문자를 보내주셔서 쉬는 시간마다 팀원들에게 메시지를 읽어주며 위로하고 격려했다. 낮에는 열심히 재난 복구를 도왔고, 밤에는 한국에서 온 다른 팀과 같이 하나님께 기도하고 말씀을 듣고 찬양을 불렀다. 이렇게 긴 시간동안 영혼의 양식을 채우며 서로를 달랬다. 비록 태국 사역이 선교 사역은 아니었지만, 재난으로 힘들어하는 이들을 도울 수 있음에 감사했다. 또 청년들 모두 자부심을 가지고 하나님께 영광을 드렸다.

태국 단기선교를 이어가다

2005년 쓰나미로 큰 피해를 입었던 태국에 영적, 물질적 회복을 위하여 재건의 삽을 들고 떠난 것이 안양제일교회 Ye청년부 태국 단기선교의 첫 걸음이었다. 그로부터 5년 뒤 2010년 7월 영적으로는 아직까지 침체되어 있는 그 땅에 태국 단기선교팀 1기가 떠났다. 태국은 불교와 힌두교가 조합된 고유의 종교가 있어 우상숭배가 널리 이루어지고 있는 땅이었다. 이런 태국 땅에 우리 선교팀은 팡아, 방무앙, 푸켓 땅에 그리고 바다 집시족에게 어린이 사역, 이미용 사역, 한방 사역, 시설보수 사역 등으로 우상숭배로 가득 찬 그 땅에 복음의 씨앗을 심고 왔다.

집시족은 태국에 거주하는 소수민족이다. 태국은 소수 민족이 차별을 받고 살고 있다. 부모가 아이들을 모두 키울 능력이 되지 못해서 어린아이가 자기 동생을 돌보며 살고 있다. 어린이 사역팀은 아이들에게 다가갔

다. 처음 보는 아이들과의 어색함 때문에 잘 어울리지 못했지만, 사역팀이 하나님의 인도하심을 의지하며 마음을 열었다. 그러자 아이들도 우리 팀에게 마음을 열어주고 함께 교제하며 뛰어 놀았다.

팡아 지역에서 사역을 하고 있을 무렵 우리 선교팀에 대한 소식을 듣고 감사하게도 주변 초등학교인 반프링 초등학교에서 우리 팀을 초대했다. 우리 선교팀은 초등학교에 방문해서 아이들과 교제하고, 복음을 전하고 벽화를 그리며 아이들에게 예수님의 향기를 전했다. 반프링 초등학교에 있는 벽화를 보며 그곳에 담긴 메시지를 아이들이 되새기며 예수님의 흔적을 느꼈으면 하는 작은 바람을 담아본다.

태국 사람들은 국민성이 굉장히 느긋하다. 그러다 보니 이미용 사역을 한다고 해도 사람들은 크게 반응이 없었다. 많은 홍보에도 반응이 없어서 선교 내내 이미용 사역을 하시는 집사님들이 마음고생이 많았다. 하지만 선교가 막바지에 다다랐을 때, 바다 집시족 마을에서는 이미용 사역이 굉장히 인기가 좋아 마지막에 두 분의 진가가 발휘되었다.

태국선교를 할수 있게 도와주신 홍경환선교사님께 감사를 드립니다.

7부

국내 선교

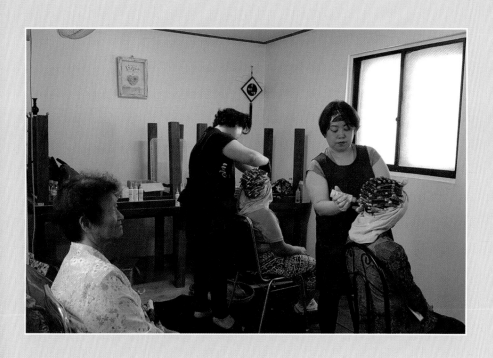

진도 선교의 시작

2004년 6월초쯤 이른 여름휴가를 가족들과 함께 떠났다. 목적지는 지리산 뱀사골, 그리고 전라도 보성에 있는 온천이었다. 지리산 뱀사골을 들려 하룻밤을 묵은 후 보성으로 출발했다. 보성으로 가는 길에 생각나는 한 분이 계셨다. 1980년대부터 10여년 넘게 안양제일교회에서 사찰집사님으로 계셨던 한웅섭 전도사님이다. 한웅섭 전도사님은 내가 소년부 부장을 할 때부터 각종 행사 때마다 일을 같이 하며 손발이 잘 맞는 집사님이었다. 우리 교회를 떠난 후 뒤늦게 신학을 공부하여 진도에 있는 주안교회를 섬기고 계셨다.

"전도사님, 여기 보성에 가족끼리 놀러왔어요. 어떻게 지내시는지요?"

전도사님은 나를 반갑게 맞아주시면서 시간이 되면 진도에 오라고 간곡히 부탁했다.

"장로님, 보성에서 진도까지 차로 30분이면 옵니다. 얼굴보고 가시죠. 지금 진도 앞바다에서 특별한 행사를 해요."

진도 앞바다에 조수 간만의 차이로 바닷길이 열리는 현상이 일어나는데, 현대판 모세의 기적이라고 부르는 곳에서 찬양집회와 기독교 행사를 진행한다고 했다. 우리 가족은 전도사님의 제안에 호기심이 생겨 곧바로 진도로 향했다. 겸사겸사 오랜만에 전도사님의 얼굴도 보자면서 방향을 틀었다. 보성에서 진도까지 30분 걸린다고 했는데, 가도 가도 진도가 나오지 않았다. 무려 2시간이나 걸렸다.

"전도사님, 보성에서 진도까지 30분 걸린다면서요?"

전도사님은 나의 항변에 내가 오지 않을까 봐 과장을 조금 했다며 '허허' 하고 웃으셨다. 전도사님이 시무하시는 주안교회에 가서 안양제일교회에서 함께 진행했던 형제캠프 비디오 영상을 함께 시청했다. 전도사님은 영상을 보면서 눈물을 흘리셨다. 그리고 주안교회의 사정을 설명하셨다.

당시 주안교회 교인은 모두 세 명인데, 모두 교회에 출석을 못하고 있다고 했다. 한 분은 아파서 못 나오시고, 다른 한 분은 자녀 집에 방문

중이고, 나머지 한 분은 심적으로 부담이 되어 못나오고 계신다고 했다. 동네 아이들 10명 정도만 교회에 나오고 있었다.

"장로님! 제가 너무 힘들어서 밤에 교회를 떠나 도망가려고 했어요. 그런데 마침 장로님한테 연락이 왔어요."

한동안 울음을 그치지 못하셨다. 전도사님의 모습을 보면서 그동안 얼마나 힘들었을지 마음이 아팠다.

"장로님, 안양제일교회 청년부에서 매년 농촌봉사활동을 하잖아요? 그거 올해 7월에 여기서 하면 어때요?"

내 전화가 전도사님의 발길을 잡은 것이었는지, 하나님의 인도하심이 있었는지 전도사님은 내게 교회를 살릴 수 있는 길로 농촌봉사활동을 제안하셨다. 하지만 이미 한 해전부터 충북에 있는 교회를 돕기로 계획하고 있었다.

"전도사님, 올해는 힘들고, 내년에 꼭 청년부 국내 선교를 여기서 하도록 할게요."

전도사님의 심정은 충분히 이해하지만, 전도사님의 제안을 받아들이지 못했다. 전도사님은 서운한 표정을 지으시면서 우리를 배웅하셨다. 집에 돌아오는 길에 마음이 계속 무거웠다. 전도사님의 간절함과 눈물이 집에 와서도 떠나지 않았다. 며칠을 고민하고 기도하다가 수화기를 들어 충북에 있는 장로님께 양해를 구하고 그해 청년부 국내 선교를 진도로 가기로 결정했다. 두 달도 채 남지 않은 시간이었다.

진도 주안교회 농촌선교

진도 주안교회 청년부 농촌선교를 갔던 첫해에 교회 앞 굴포리 해안가
는 쓰레기장을 방불케 했다. 어업폐기물과 생활쓰레기들이 갯벌을 다 덮
었다. 우리는 지저분한 해안가를 청소하기로 했다. 엉킨 그물들을 진흙
속에서 끄집어내면, 줄다리기 하듯이 수십 미터를 잡아 댕겨야만 걷어낼
수 있었다. 이렇게 3일 동안 해안가를 청소해서 5톤 트럭으로 8차 정도의
쓰레기를 폐기했다.

우리가 해안가를 청소하는 모습을 보던 동네 분들이 처음에는 시큰둥
하셨다. 도시에서 온 청년들이 사진이나 몇 장 찍고 가겠지 하는 생각이
었다. 그런데 하루가 지나고 여름 땡볕 아래에서 갯벌 진흙탕에 옷을 버
려가며 열심히 청소하는 청년들의 모습에 동네 분들이 감동을 받으셨다.
나중에는 간식거리를 가져오시며 우리를 응원하셨다. 동네 이장님도 우

리를 찾아오셔서 격려해 주셨다.

"아따~ 젊은 사람들이 더운데 참말로 고생이 많소 잉."

동네 분들이 인정할 만큼 정말 청년들은 열심히 일했다. 몇 명의 청년들은 열사병에 걸려 동네 병원으로 실려 가기도 했다. 병원에 가서 진료를 보는데, 병원장님이 안양제일교회에서 오신 청년들이냐며 반갑게 맞아주셨다.

"아니, 원장님이 저희를 어떻게 아세요?"

병원장님은 해안가를 청소하는 모습이 지역방송국에서 방영됐다고 말씀하셨다. 우리도 모르는 사이에 언제 촬영을 했는지, 지역에 소문이 난 모양이었다.

"이렇게 좋은 일을 하는데, 저도 동참을 해야지요. 오늘 진료비는 받지 않겠습니다. 하하하."

우리의 섬김을 통해 예수 그리스도의 향기가 지역에 퍼지는 것을 보니 기분이 좋았다. 좋은 소문이 난 김에 홍보를 더 해야겠다는 생각에 마을 잔치를 계획했다. 동네 한가운데에 돼지 2마리를 잡아 동네 분들을 초대했다. 청년들이 집집마다 방문했다.

"어르신, 조금 있다가 동네잔치가 있으니까, 꼭 오세요."

"돼지 2마리를 잡았어요. 꼭 오셔서 맛있게 드세요."

청년들이 어르신들의 손을 붙잡고 신신당부하며 설득했다. 마을에 살고 있는 분들이 106명이었는데, 마을잔치에 103명이나 오셨다. 잔치에 참여하신 분들에게 정성을 다해 대접하고 청년들의 재롱잔치가 열렸다. 모두 즐겁게 화답하시고, 좋은 시간을 보냈다. 마무리 시간에 내일 교회에 꼭 오시라고 초청했다.

다음날, 교회에 오신 분들에게 발마사지나 미용 사역, 한방치료사역을 하면서 복음을 전했다. 거동이 불편하신 어르신들은 인근 목욕탕으로 모셔서 세신을 도와드렸다. 목욕 후에는 식사를 대접하고 복음을 전했다. 그렇게 청년들은 주안교회 주변에 있는 분들을 열심히 섬겼다. 청년들의 섬김 때문인지 그 이후에 주안교회는 성인만 46명이 참석하는 부흥이 일어났다. 그렇게 시작한 안양제일교회의 진도 선교는 13년 동안 진행됐다.

진도 복음율과 지역 교회들의 변화

2004년부터 시작해서 13년 동안 한 해도 거르지 않고 안양제일교회 청년부 및 장년부가 여름마다 진도를 방문했다. 매년 안양제일교회 교인들 500~600여 명이 참여했다. 하나님의 은혜가 임하여 진도에 새로운 부흥의 바람이 불어일어나기 시작했다. 진도에 있는 목회자로부터 진도군 내에 기독교인이 2004년에 8%였는데, 13년 후에는 23%라고 들었다. 우리의 섬김이 헛되지 않았음을 보여주는 통계다.

주안교회 농촌선교가 지역 사람들은 물론 인근 교회까지 소문이 났다. 농촌선교를 열심히 하고 있는 어느 날, 주변에 있는 교회의 목사님들이 찾아오셨다. 한웅섭 전도사님은 내 앞에서 오신 목사님들에게 웃으시면서 큰 소리로 말씀하셨다.

"목사님들! 이분이 안양제일교회 원덕길 장로님이세요. 이분에게 내년에는 담당하시는 각 교회에도 선교해달라고 부탁하세요."

그러자 어떤 목사님이 의외의 대답을 해서 나는 깜짝 놀랐다.

"됐고, 잘 놀다가소."

나는 그 말을 듣는 순간 무척 자존심이 상하면서도 '왜 목회자들이 이런 말을 할까?' 하는 생각을 했다. 그런데 나중에 이야기를 듣고 보니 그분들의 마음이 충분히 이해가 됐다. 많은 교회에서 농촌선교를 매년 오는데, 항상 형식적인 이벤트와 동네 주민들은 참여하지 않은 자기들만의 행사만 하고 간다는 것이었다. 그렇게 자화자찬의 농촌선교는 안 하는 게 더 낫다고 했다. 현지 교회에는 아무 도움이 되지 않은 사역만 하고 떠나면 현지 교회의 목회자들은 마음이 몹시 상한다. 그분은 우리 안양제일교회도 이러다 말겠지 하는 염세적인 태도로 그렇게 대답했다고 했다.

하지만 안양제일교회가 주안교회를 도와 주변에 지역 주민들을 섬김으로 주안교회가 부흥하는 모습을 보고, 청년들의 헌신적인 모습을 보고 관심을 보였다. 지역 주민들의 소문과 TV 방영 덕분에 인근 교회의 몇몇 목사님들이 농촌선교를 각 교회에서 해달라고 요청했다. 요청을 받은 나는 교회에 돌아와 담임목사님께 선교보고를 하면서 농촌선교를 좀 더 확장하고 싶다고 말씀드렸다.

"목사님, 내년에는 주안교회뿐만 아니라 3~4교회를 더 섬기고 싶습니다."

담임목사님은 나의 제안에 흔쾌히 허락하셨다.

"좋아요. 그러면 우리가 청년부 수련회와 여름 농촌봉사활동을 진도에서 국내 선교 명목으로 10년간 진행합시다."

당시에는 청년부 여름수련회와 농촌봉사활동을 나눠서 진행하고 있었다. 처음에는 13개의 교회로 시작된 사역이 나중에는 18개의 교회로 확장이 되었다. 그렇게 우리는 진도 선교를 위해 여러 교회를 선정해서 우리 교단(예장통합)뿐만 아니라 타교단까지 모두 열여덟 교회(광석교회, 대교교회, 새금성교회, 새진도교회, 보전침례교회, 산월생명교회, 서부교회, 성광교회, 소망교회, 송광교회, 신진교회, 용장교회, 임회제일교회, 접도교회, 진도만나교회, 진도주안교회, 진성교회, 향동교회)를 섬겼다.

전혀 계획에 없었던 진도 선교가 결정되면서 어려운 일들이 있었다. 예산편성이 되어 있지 않았고, 많은 인원이 참여하는 것이기에 준비할 것들이 많았다. 청년부 임원들은 직장생활을 하면서도 현장 답사를 위해서 새벽 4시에 안양을 출발해서 진도로 당일치기로 열 번 넘게 왕복했다. 가장

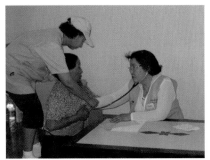

시급했던 것은 진도군 내에 600여 명이 숙박할 수 있는 시설을 찾기 어려웠다. 진도 선교는 낮에는 600여 명을 13팀으로 나눠서 13군데의 교회와 인근 마을에 가서 사역을 진행했고, 저녁에는 숙소에 모여 성령집회를 진행하는 프로그램으로 계획을 세웠다. 성령집회를 하기 위해서는 꼭 600명 정도 수용할 수 있는 시설이 필요했다. 정말 말 그대로 무에서 유를 창조하는 수준의 사역이었다. 청년부 임원들은 거의 매주 주말마다 진도를 다녀와서 정보를 업데이트하고 각 처치의 팀장들에게 전달했다. 매일매일 달라지는 진도 상황에 매일 밤 교회에서 사역을 준비하다가 새벽에 집으로 들어가는 날의 연속이었다.

그렇게 우리는 2007년 "만선의 꿈을 안고 출항하라"라는 주제와 이사야 62장 10절의 말씀을 붙잡고 진도로 출발했다.

"성문으로 나아가라 나아가라 백성이 올 길을 닦으라 큰 길을 수축하고 수축하라 돌을 제하라 만민을 위하여 기치를 들라"(사 62:10).

각 처치별로 13개의 교회에 나눠서 개별사역을 진행해야 했다. 아침마다 숙소에서 13개의 교회로 청년들을 이동시켜야 했고, 아침식사와 점심식사, 간식을 시간에 맞춰서 배달해주어야 했다. 교회 버스와 교회 봉고차를 제외하고 관광버스가 10대가 함께 움직였다. 안양에서 진도까지 이동한 후에도 팀별로 계속 교회와 숙소를 오가야 했다. 또 식사를 배달해야 했기에 관광버스 기사님들께도 선교 기간 내내 이동을 부탁드렸다. 청년부 임원들과 본부 임원 집사님들은 한 손에는 무전기를, 한 손에는 핸드폰을 들고 하루 종일 뛰어다녔다. 나중에 들어보니 임원들은 4박 5일 동안 3시간도 채 자지 못했다고 했다.

장소를 구하는 중에 한웅섭 전도사님으로부터 진도에서 영향력이 있는 분들을 소개받았다. 그중에 한 분이 석교중앙교회 허상현 장로님이시다. 허 장로님은 우리가 사역하는데 적극적으로 도와주셨다. 모든 일에 앞장서서 본인 일처럼 도움을 주셨다. 봉사팀의 안전과 편의를 봐주도록 인근 파출소에 요청하기도 했다.

허 장로님을 통해 진도중학교 최평화 교장 선생님을 소개받았다. 최평화 교장 선생님은 진도 출신으로 진도에서 근무하고 계셨고, 교장 선생님의 많은 제자들이 진도 곳곳에서 활동 중이었다. 진도를 무척 사랑하시는 분이라는 것이 느껴질 정도로 진도의 발전을 위해 헌신적으로 섬기는 분이셨다. 최 교장 선생님에게 우리의 사역과 이곳에 온 동기를 설명하고 진도중학교를 대관하는 것을 간곡히 부탁드렸다.

"좋습니다. 진도를 위해 힘써주시는데, 학교 전체를 빌려드리겠습니다."

이렇게 600여 명이 머물 수 있는 장소를 확보할 수 있었다. 우리가 사역하는 기간에 맞춰서 진도중학교 하키부 선수들에게 방학기간을 주고, 학교 행정실장에게 사역을 돕도록 배려해주셨다. 또한 급식시설을 사용하도록 허락해주시고, 조리사 두 분도 소개시켜주셔서 우리가 사역에 집중할 수 있도록 도와주셨다.

600명이 넘는 청년들에게 하루에 3끼와 두 번의 간식을 만들어 내는 것도 굉장한 일이었다. 끊임없이 식사 준비와 설거지를 해야만 했다. 많은 권사님들과 집사님들이 주방봉사로 지원해주셨기 때문에 가능한 일이었다. 이분들의 섬김으로 우리는 매일 맛있는 식사를 할 수 있었다.

더운 날씨에 화로에서 뿜어져 나오는 열기까지 주방은 그야말로 용광로였다. 하지만 에어컨은커녕 선풍기도 틀 수 없는 환경이었다. 이곳에서 새벽부터 밤늦게까지 헌신해주신 권사님들과 집사님들은 목과 겨드랑이에 땀띠가 가득했고, 얼굴에도 땀으로 짓무르신 분들도 계셨다. 그럼에도 그분들은 늘 웃으시면서 청년들에게 이야기했다.

"더운데 고생이 많아."
"맛있게 먹어줘서 고마워."
"많이 먹고 힘내서 열심히 사역해."

주방에서 4박 5일 동안 섬김의 본을 보여주신 권사님들과 집사님들에게 지면을 통해 감사드린다. 600명이 넘는 청년들이 함께 지내기에 화장실과 샤워실이 턱없이 부족했다. 우리는 체육관 뒤편에 비닐로 간이 샤워실을 만들어서 사용하기도 했다. 이렇게 생활하기에 조금 불편하지만 청년들 중 그 누구도 불평하지 않고 진도 선교에 열심히 참여했다.

최 교장 선생님은 진도 군수님에게도 연락해서 우리가 농촌봉사활동을 하는 것을 알려주셨다. 우리의 소식을 들으신 군수님은 매년 우리를 찾아와 격려해주셨다. 인근 언론사들도 우리의 사역에 관심을 가지고 지역신문에 크게 보도를 해주셨다. 진도 선교를 시작하고 몇 년 후에 최 교장 선생님이 정년퇴임을 하시면서 아쉽게도 더 이상 진도중학교를 대관할 수 없었다.

진도 선교 사역에 도움을 주신 분들

진도 선교는 4박 5일 동안 진행됐다. 선교 사역을 위해 각 분야에서 여러 도움을 주고, 함께 참여했다.

먼저, 목동에서 '유상용 한의원'을 운영하시는 유상용 집사님이 한방선교에 관련된 모든 것들을 자비로 준비해주셨다. 선교기간동안 한의원 문을 닫고, 직원과 가족과 함께 헌신해 주셨다. 한방사역은 아프신 분들에게 침을 놓고 약을 조제하는 동안 청년들이 복음을 제시하고 하나님의 나라를 전파하는 방식이었다. 진도에 노령 인구가 많아 무료로 침을 놓아드리고 약을 주는 사역은 많은 어르신들에게 인기가 참 좋았다.

교회와 목사님 사택을 보수 및 수리하는 작업도 함께 진행했다. 지붕누수 및 방수공사, 천장수리, 마룻바닥 개보수, 재래식 화장실을 양변기로 변경, 교회 진입로 포장공사, 교회 십자가 및 종탑 수리, 도색작업, 전기관련공사 등 각 교회별로 필요한 것들을 미리 접수를 받아 인원 배치 및 스케줄 조정을 했다. 교회마다 재정이 어려워 혹은 어디서부터 시작할지 엄두가 나지 않아 하지 못했던 공사들을 우리가 맡아 진행했다. 공사의 특성상 진도 선교를 진행하기 전에 현지답사를 통해 필요한 물자와 기술자를 보내 진도 선교기간 내에 공사가 끝날 수 있도록 했다.

각 교회의 담임목사님께 마을에 있는 집을 추천받아 목사님 사택, 독거노인 집, 생활이 어려운 집 등을 선별했다. '대동벽지'에서 후원을 받아 선별한 집들마다 도배와 장판을 해드렸다. 살림살이가 있는 집을 도배와 장판을 교체하기 위해서는 우선 집안에 있는 가구와 가전제품 등을 전부 바깥으로 옮겨야만 했다. 그런데 대부분 오래된 집들이어서 청소하고 손볼 곳들이 많았다. 무더운 여름 날씨에 힘쓰는 일은 정말 힘든 사역이었다. 그럼에도 많은 분들이 애써 주셨다.

함께 사역하는 분들 중에 기술자가 없어서 안양에서부터 인건비를 주고 함께 진도로 내려가 사역을 진행했다. 청년들은 기술자들 옆에서 보조 작업을 하며 도왔다. 공사를 마무리하고 밖에 옮겨놓았던 짐들을 다시 집 안으로 옮기면 집 주인들이 얼마나 좋아하시는지 모른다. 연신 고맙다고 감사하다면서 인사를 하신다. 해가 거듭할수록 인건비로 지출이 많이 들어가서 비용을 절감하기 위해서 안양제일교회에서 도배학교를 신설하여 교인들을 교육해서 직접 사역에 참여할 수 있도록 했다. 지금도 교회 내에는 전담 도배팀이 있어 사역을 다니고 있다.

안양제일교회 소속 전산팀에 근무하시는 분들은 컴퓨터 수리를 해주셨다. 진도의 접근성이나 컴퓨터 자재부족 및 재정적인 이유로 대부분의 컴퓨터들이 오래되고 작동이 되지 않은 것들이 많았다. 컴퓨터 수리를 하기 위해 필요한 부품들을 미리 안양에서 대량 구입해 준비해갔다. 사전에 스케줄을 정해서 각 마을을 돌며 컴퓨터를 교회로 가져오도록 했다. 교회가 임시 컴퓨터 수리점이 됐다. 수리가 가능한 것들은 그 자리에서 곧바로 수리했고, 작업이 많이 필요하거나 부품이 없는 경우에는 안양으로 가지고 와서 완벽하게 수리한 후 다시 보내드렸다. 너무 오래된 컴퓨터는 안양제일교회 교인들이 기증한 중고 컴퓨터로 교체하기도 했다. 각 지역에 교회나 목사님 사택에 컴퓨터를 설치해서 주변에 컴퓨터가 없는 아이들이 와서 사용하도록 했다. 그렇게 자연스럽게 교회에 발을 들여 교회에 출석할 수 있도록 도왔다.

대부분 교회마다 피아노가 말썽이었다. 피아노가 없는 교회가 없었지만, 오랫동안 조율을 하지 않아서 음정이 어긋나거나 아예 소리가 나지 않은 피아노들도 많았다. 심지어 피아노 안에 죽은 쥐가 발견되기도 했다. 가까운 목포시에 있는 조율사를 섭외해서 교회마다 돌면서 피아노 조율을 진행했다.

시골에 있는 분들이 머리카락을 자르거나 파마를 하기 위해서는 마음을 먹고 읍내나 시내에 나가야 한다. 그래서 농촌 사역에서 미용 사역은 지역 주민들에게 큰 인기가 있다. 안양제일교회에 미용업을 하시는 분들이 많아서 미용 사역팀을 4~5팀으로 운영했다. 각 팀별로 팀장을 위임하고 한 팀에 4~5명이 팀을 이루었다. 각각의 팀이 교회와 인근 동네를 돌아다니면서 머리카락을 잘라주거나 파마를 해드렸다. 머리를 하시는 동안에는 좋으나 싫으나 앉아 계셔야 했기에 청년들이 옆에서 말벗을 해드리면서 전도를 진행했다. 처음에는 동네 분들이 미용이 서툴거나 혹은 싼 미용 재료로 머리를 해준다고 생각하시고 오는 것을 꺼리셨다. 하지만 한두 분이 머리한 것을 보고 마음이 놓이셨는지 기존 신청 인원보다 2배 이상 늘어서 미용 재료를 현지에서 구입해서 사역을 진행했다. 한 해에 400여 명 정도의 주민 분들의 머리를 해드릴 만큼 인기가 좋았다. 나중에는 진도군 내에서 미용업을 하시는 분들의 항의도 들어왔다.

진도 선교는 봉사활동이 주를 이루었지만, 전도사역에도 힘썼다. 축호전도를 위해서 안양제일교회 전도폭발팀 훈련을 받으신 장년부들이 함께했다. 장년부 2명, 청년부 1명이 1개조가 되어 각 마을을 돌며 어르신들을 찾아갔다. 집 앞에서 방문을 허락받고 말벗을 해드리면서 얼굴에 팩도 해드리고 발 마사지를 해드렸다. 집안 청소, 빨래도 해드리는 경우도 있고, 다과를 미리 준비해서 담소를 나누면서 전도를 했다. 물론 집밖에서 문전박대를 당하는 경우도 많았고, 재수 없다면서 소금을 뿌리시는 분들도 계셨다. 청년들 중에는 이전에 전혀 경험하지 못한 일에 당황하기도 했지만, 이런 집들은 기록에 남겨 선교기간 중에 계속 방문했다. 심지어 해가 바뀌고도 몇 년간을 꾸준히 방문해서 하나님을 전한 경우도 있었다. 초대를 받아 들어간 집에서는 하나님을 영접할 때까지 몇 번이고 방문해 하나님의 복음을 전파했다. 어르신들은 자식뻘, 손주뻘 되는 사람들이 매일같이 와서 말벗을 해주니 좋아하셨다.

마을마다 정비 사업도 진행했다. 허물어진 벽을 다시 세우고, 그곳에 벽화를 칠했다. 노화된 수로도 정비하고 마을회관과 화장실 청소도 했다. 축호전도에서 나온 이불들도 빨고 말려서 전달해드렸다.

마을마다 봉사활동을 하고, 꼭 빼놓지 않은 것이 있다. 바로 마을잔치다. 교회마다 목회자의 요구에 맞춰서 삼계탕이나 삼겹살, 콩국수, 잔치국수 등을 준비했다. 노래자랑이나 장기자랑, OX퀴즈를 준비해서 모든 분들이 참여할 수 있도록 했다. 또한 각종 경품을 준비해 참여하신 모든 분들이 빈손으로 돌아가지 않도록 했다. 어떤 마을에서는 오랜 기간 동네에 잔치가 없었던 곳에 활기가 돈다면서 어르신들이 좋아 하셨다. 기독교에 대해서 반감을 가지신 분들도 마을잔치에 오셔서 함께 하시면서 어느 정도 마음이 누그러지시는 경우들도 많았다. 이런 분들은 기회가 있을 때마다 교회에 오시도록 유도했다.

영정사진을 찍어드리는 것도 농촌봉사에서 빼놓을 수 없는 사역이다. 마을 주민들 대부분이 고령이시라 영정사진을 찍기 원하셨다. 하지만 비용이 많이 들고, 읍내나 시내까지 가야하니 많은 분들이 영정사진을 찍지 못하고 계셨다. 임시 사진관을 설치하고 화장품과 사진촬영에 필요한 장비들을 준비하고 촬영한 사진을 곧바로 인쇄할 장비도 마련했다. 사진 찍는 것을 쑥스러워하시는 분들도 사진사의 말에 따라 포즈를 잘 취하셨다. 영정사진을 찍고 곧바로 인쇄해서 액자에 담아드리면 얼마나 좋아하셨는지 모른다.

동네마다 농사 일손이 부족했다. 청장년들이 도시로 이동하고, 마을에는 고령화로 노동력은 항상 부족했다. 청장년들이 중심인 우리 선교팀이 농사일을 도와드렸다. 한낮에 내리쬐는 뜨거운 태양을 피해서 농사일은 새벽 5시부터 시작했다. 청장년이지만, 안양제일교회 대부분의 청년들은 도시에서 자라서 농사일에 대해 무지했다. 고추를 따다가 꼭지를 부러뜨리거나 아예 가지를 꺾어서 어르신들에게 혼나기가 일쑤였다. 하지만 시간이 지날수록, 해가 거듭할수록 노하우가 생기고 어르신들의 일거리에 많은 도움을 드렸다. 우리가 주로 도와드린 농사일은 고추농사나 담배잎 농사 등이었다.

여름이 되면 농촌교회는 큰 고민에 빠진다. 교회마다 행해지는 여름성경학교를 하고 싶어도 할 수 없는 상황이 대부분이다. 아이들의 수도 부족하지만, 성경학교를 진행할 교사는 아예 없는 교회도 있다. 우리는 여름성경학교와 여름수련회를 준비했다. 한 교회에 아동부와 중고등부를 나눠서 보통 두세 개의 교회를 연합해서 여름행사를 진행했다. 여름성경학교와 여름수련회를 담당하는 청년들은 저녁에 숙소로 오지 않고 각 교회에서 아이들과 따로 저녁집회를 했다. 숙식도 교회에서 해결했다. 낮에는 여러 가지 게임과 참여 프로그램으로 아이들에게 하나님의 사랑을 전하고, 저녁시간에는 찬양과 기도로 예배하며 하나님의 말씀을 들었다. 선교 마지막 날 밤에는 18개의 교회에서 모인 아동부, 중고등부, 그리고 안양제일교회 청년부가 부흥집회를 가졌다.

안양제일교회 청년들은 선교 기간이 끝난 후에도 성경학교와 수련회 때에 만난 아이들과 멘토-멘티 관계를 유지하며 그들에게 진로상담, 연애상담 등 지속적인 관계를 발전시켰다. 어느 해에는 성탄절에 진도를 깜짝 방문해서 아이들에게 선물을 나눠주고 새벽송을 돌며 교회 성도들에게 떡을 돌리기도 했다. 그 아이들이 자라 어엿한 목사님, 신학생, 대학생, 직장인으로 성장한 모습을 보면서 우리의 섬김을 통해 일하시는 하나님의 놀라우신 은혜에 감사를 드린다.

청년부와 장년부가 함께한 진도 선교

진도 선교는 처음 몇 해 동안 청년들만 갔다. 해가 거듭할수록 진도 선교를 다녀온 청년들도 삶이 변하기 시작했다. 해외선교와 더불어 국내선교는 청년부에 부흥의 바람을 불어왔다. 진도 선교를 보낸 자녀들이 변화된 모습을 보면서 부모들도 진도 선교에 관심을 가지기 시작했다. 그리고 진도 선교가 확장되면서 장년들도 함께하는 사역으로 발전했다. 진도 선교에 장년들이 함께하자 할 수 있는 사역들의 범위도 넓어졌다. 의료나 미용 사역 등 기술이 필요한 사역부터 안양제일교회 600여 명의 봉사자들과 18개 교회의 교인들까지 매 끼니마다 1,000인분을 준비하고, 오전과 오후에 제공하는 간식까지 준비해야 하는 주방팀까지 장년들만이 할 수 있는 사역들이 늘어났다. 주방에서 사역하시는 분들이 30명이 넘을 정도로 많은 분들이 헌신해주셨다.

주방에서 봉사하는 것은 아무나 할 수 있는 것이 아니다. 그들의 노고는 대단했다. 7월 말, 일 년 중에 가장 더운 시기에 뜨거운 불 옆에서 1,000인 분의 식사를 준비하면서 땀범벅이 됐다. 땀띠는 기본이고 화상이나 열병도 나서 병원에 실려 간 분들도 계셨다. 장년들은 열정적인 청년들의 모습을 보며 감동을 받았고, 청년들은 장년들의 헌신하는 모습에 감동을 받아 한여름에 부흥의 바람이 세차게 불어왔다.

진도 선교를 다녀온 많은 분들이 간증을 통해 자신의 믿음을 고백하고, 삶의 자리에서 변화되는 모습을 통해 매년 진도 선교에 지원하시는 분들이 늘어났다. 장년부가 진도 선교에 처음 함께하던 해에 나는 장년들에게 신신당부를 했다.

"여러분, 청년들이 열심히 하지만, 경험이 부족해서 실수할 때가 있어요. 마음에 들지 않더라도 혼내지 마시고, 너그러이 봐주세요."

선교 현장에서 장년들과 청년들이 함께하는 모습을 보면서 내 걱정이 기우였음에 감사했다. 하나님의 말씀을 전파하는 큰 목적을 가지고 청년부와 장년부가 똘똘 뭉쳐 서로의 부족한 부분을 채워가며 진도 선교를 진행했다. 요즘 세대 간의 갈등을 이야기하지만, 함께함으로 오히려 시너지 효과가 나서 진도 선교 때가 되면 안양제일교회가 들썩였다. 시무 장로님들과 많은 은퇴 장로님들도 진도로 내려갔고, 온 교회가 진도 선교를 위해 지원하는 진풍경이 일어났다. 당회에서도 청년들이 주도적으로

진도 선교를 할 수 있도록 아낌없이 지원했다. 그 보답으로 청년들도 안
양제일교회 소속임을 자랑스러워했다. 먼저는 청년부가 빠르게 부흥했
고, 그 청년들이 결혼해서 가정을 꾸리고 시간이 지나면서 장년부도 더불
어 부흥했다. 이 모든 것이 진도 선교를 통해 가능했다.

특별히 진도 1기를 준비하면서 고생한 임원들과 본부 차장이었던 서인
철 집사님과 이순덕 권사님께 감사드린다.

구례, 하동, 곡성 국내 선교

10년 동안 진도 선교를 하자고 약속했고 마지막 해가 어느새 다가왔다. 2012년도에 청년부에서 새로운 선교지를 찾았다.

"이번에는 외딴 섬으로 가면 어떨까요?"

사람들이 쉽게 찾지 않은 곳을 찾다보니 외딴 섬들이 생각났다. 섬 위주로 답사를 다니면서 안양제일교회에서 국내 선교를 하기에는 많은 어려움들이 있었다. 가장 큰 어려움은 섬에 들어갔다가 태풍이나 기상악화로 섬에 갇힐 수 있는 상황이었다. 대부분 직장을 다니는 청장년들이 여름휴가에 맞춰 국내 선교에 참여했는데, 섬에 고립될 경우 여러 가지 어려움들이 생길 수 있었다. 그래서 지리산 주변 오지 마을로 눈길을 돌렸다. 진도 선교를 하면서 청년부가 부흥하고 규모가 커지면서 청년부가 나이별로 1청년부, 2청년부, 3청년부로 나눴다. 1, 2 청년부는 기존대로 진도

선교를 갔고, 3청년부만 지리산으로 향했다.

지리산 선교도 진도 선교와 비슷한 사역을 진행했다. 지리산 인근 15개 교회(나주옥산교회, 비촌사랑교회, 곡성마삼교회, 월등남부교회, 회덕교회, 성광교회, 신월교회, 삼화교회, 섬진강교회, 토지소망교회, 마산동부교회, 신월교회, 온누리상동교회, 온당충신교회, 대연교회)를 섬겼다. 우리가 하동, 구례, 곡성 지역에서 처음부터 15개 교회를 섬길 수 있었던 것은 비촌사랑교회 김웅태 목사님과 장로님, 그리고 성도들의 적극적인 도움이 있었기 때문에 가능했다. 본당과 교회 부속건물 식당, 사택, 마을회관 등을 우리 선교팀을 위해 기꺼이 자리를 내어주셨다. 비촌사랑교회를 지리산 선교팀 본부로 사용했다. 낮에 흩어져 각 교회에서 사역한 후 저녁에는 비촌사랑교회에 모여 성령집회를 열었다. 이분들의 헌신과 섬김에 다시 한 번 감사를 드린다. 지리산 선교를 그 이후 2019년까지 계속 진행했다.

지리산 선교를 시작할 무렵, 안양제일교회 실로암 부서에서 국내 단기 선교에 참여하고 싶다고 했다. 실로암 부서는 청각장애인과 언어장애인으로 구성되었다.

"우리 부서가 진도 선교에 참여하지 못한 것이 장애가 있어 소외받았다고 생각했어요. 지리산 선교에는 우리 부서도 참여하고 싶어요."

이 말을 들으면서 나는 마음이 참 아팠다. 하나님 나라를 전하는데,

장애가 무슨 상관이 있단 말인가!

"너무 좋습니다. 함께 선교 사역해요. 이렇게 말씀해주셔서 감사해요."

실로암 부서에서 봉사하시는 집사님과 권사님들도 함께 지원해주셔서 보다 수월하게 단기선교에 참여할 수 있었다. 15개 교회 중에 하동군에 속해 있는 세 교회를 실로암 부서에 편재했다. 실로암 부서에 속한 분들 중에 안마업으로 생계를 유지하시는 분들이 계셨는데, 세 교회에서는 마을 분들에게 안마를 진행했다. 안마를 받는 분들마다 모두 만족하셨고, 실로암 부서에 속한 분들도 선교 사역에 동참할 수 있다는 것에 기뻐하셨다.

부 록

딸 지혜가 바라본 아버지의 선교

나는 태어나면서부터 지금까지 안양제일교회에서 신앙생활을 하고 있다. 학창시절, 부모님의 엄격한 신앙생활로 단 한 주도 거르지 않고 교회를 다녔다. 초등학교 때는 노회에서 개최하는 성경고사와 성경퀴즈에서 좋은 성적으로 입상하여 노회 대표로 전국대회까지 나갔다. 전국대회에서도 입상했다. 중고등부 때는 성가대와 찬양팀을 섬기며 열심히 신앙생활을 했다.

하지만, 나는 대학교에 입학하면서 신앙생활을 제대로 하지 않았다. 학창시절에 부모님의 강압적인 신앙지도에 청년이 되면서 모든 것에서 해방을 느끼듯 마음이 끌리는 대로 생활을 했다. 심지어 주일 성수조차 잘하지 않았다.

그러다가 2002년에 미국 오클라호마로 어학연수를 갔다. 그곳에서 나는 성령체험을 했다. 외로운 유학생활에서 하나님은 나를 부르셨고, 방언의 은사도 주셨다. 기쁨이 넘치고 감사가 넘치는 시간을 보냈다. 하지만 2003년 갑작스럽게 건강에 이상이 생겨서 한국으로 귀국할 수밖에 없었다.

그때 안양제일교회는 홍성욱 목사님이 담임목사님으로 부임하셔서 많은 것들이 변하고 있었다. 엄숙한 예배만 드리던 교회가 찬양팀이 예배를 인도하고, 청년부에서 선교 활동을 시작했다. 미국에서 받은 성령 충만한 삶을 한국에 와서도 계속 이어가고 싶었지만, 그렇게 하지 못했다. 청년부에 다니는 청년들의 이중적인 모습에 회의가 들어 청년부 예배를 드리지 않았다. 대신 주일 3부예배만 드렸다.

아버지가 청년부 부장을 맡으시면서 나에게 청년부로 들어오라고 권유하셨지만, 나는 청년부에 나가지 않았다. 네팔 단기선교 1기를 모집했을 때에도 아버지는 내게 같이 가자고 말씀하셨다. 나는 정말 가기 싫었다. 첫 번째 이유는 청년부 부장이신 아버지에게 누를 끼치고 싶지 않았다. 두 번째 이유는 2주간 청년들과 성령 충만한 척 하는 가식적인 모습을 보일까봐 두려웠다.

어려서부터 여름성경학교를 빠짐없이 참석했었기에 단체생활에는 자신이 있었지만, 아버지가 인솔하는 팀에 들어가서 도움이 될 자신이 없었다. 아버지와 3개월 가까이를 싸웠다. 아버지는 야단도 치셨다가 달래기도 하셨다. 아버지 뜻대로 되지 않을 때는 화도 내셨다. 그렇게 끈질기게 나에게 강권하셨다. 인솔하시는 목사님도 내가 함께 가는 것을 탐탁치 않으셨다. 아버지는 내게 말씀하셨다.

"네가 선교지에 가서 열심히 해서 청년부에 중심으로 들어와 열심히 사역하면 좋겠다."
"목사님께 네 진짜 모습을 보여줘!"

3개월을 넘게 나를 권유한 아버지의 뜻에 따라 결국 나는 네팔 단기선교 1기에 함께 하기로 했다. 선교팀에서 나는 여자들 중에서 제일 큰 언니였다. 나보다 어린 동생들과 함께 2주간을 지내는 것이 많이 부담스러웠다.

네팔에 도착해서 첫날 숙소에 들어갔는데, 여자들이 10명이었는데 화장실은 단 하나였다. 첫날 한명씩 들어가서 샤워하고 빨래하고 나오는데 20~30분씩 걸렸다.

"얘들아! 이렇게 하다가는 밤새 씻어야 할 것 같다."

나는 세 조를 짜서 같이 들어가서 씻자고 얘기했다. 1조 3명, 2조 3명, 3조 4명. 1조와 2조는 각각 20분씩, 3조는 30분을 정해놓고 씻기로 했다. 첫날에는 동생들이 불만스러워 했다.

"3명이 들어가서 어떻게 씻어!"

"한 명이 샤워하는 동안에 한 명은 세수하고, 나머지 한 명은 빨래를 하면 돼."

그렇게 로테이션을 하면 20분 안에 충분히 씻을 수 있었다. 처음에는 들어가서 소리를 지르고, 서로의 모습을 보며 까르르 웃기도 했다. 나는 밖에서 시간을 쟀다.

"야! 이거 군대 같다! 그치?"

다들 처음 하는 경험에 배꼽을 잡고 웃었다. 그날 이후 3~4일이 지나자 20분도 채 되기 전에 씻고 나왔다.

네팔에서 일주일쯤 지났을 때 저녁에 경건회를 하고 여자숙소에 들어왔다. 순번대로 씻고 나와 함께 둘러앉아 하루의 일을 점검하며 힘들었던 일이나 기뻤던 일을 나누는 시간을 가졌다. 서로의 마음을 나누고 서로를 위해 통성으로 기도하고 잠자리에 들었다. 그런데 어느 날, 한 자매가 통성으로 기도하던 중에 방언의 은사를 받았다. 어찌나 강력하게 은사를 받았는지 멈추지 않고 계속 방언으로 기도했다. 다들 처음 보는 방언에 신기한 모습으로 바라봤다. 그런데 1시간이 지났는데도 방언을 멈추지 않자 모두 무서워했다.

"언니, 무서워요. 혹시 귀신의 방언을 받은 게 아니에요?"

몇몇 자매는 울기 시작했다. 도저히 내가 감당할 수 없는 상황이어서 목사님과 아버지가 계시는 숙소까지 뛰어갔다. 목사님과 아버지에게 자초지종을 설명했다. 목사님과 아버지는 여자숙소로 오셨고, 목사님이 그 자매의 모습을 보시고 우리에게 함께 기도하자고 하셨다.

"하나님의 방언을 받았는데, 그 은사가 강력해서 이러는 거야. 무서워하지 않아도 돼."

우리는 목사님과 함께 그 자매를 위해 기도했다. 기도한지 얼마 되지 않아, 그 자매는 기도를 멈췄다. 우리는 그 자매를 부둥켜안고 엉엉 울었다.

"우리는 네팔에 귀신들이 너무 많아서 네가 그런 줄 알았어."
"무섭고 놀랐어."

그렇게 우리는 친자매들처럼 끈끈해졌고, 선교지에서 여러 경험들을 하면서 성령의 뜨거운 불길을 경험했다. 그렇게 방황하던 나의 신앙이 조금씩 자리를 잡기 시작했다. 네팔 선교가 끝나갈 즈음에는 여자 팀원들은 모두 너무 아쉬워했다.

네팔을 다녀온 후 나는 청년부에 나가기 시작했고, 제자훈련도 받았다. 그리고 나를 변화시킨 네팔에 다시 가기 위해서 네팔 단기선교 2기를 준비했다. 하지만 네팔의 상황이 좋지 못해 갈수 없는 상황이 되었다. 대신 쓰나미가 덮쳐 모든 것들이 폐허가 되어버린 태국으로 갔다. 당시에 나는 직장에 다니고 있었는데, 15일 동안 휴가를 낼 수 없어서 3일 늦게 후발대로 가기로 했다. 처음부터 함께하지 못한 것이 몹시 아쉬웠다. 본 팀을 파송하고 집으로 돌아왔는데, 아버지에게서 전화가 왔다.

"지혜야! 공항에 도착해서 짐을 부치는데 반찬을 담은 짐을 놓고 왔다. 너 올 때 가지고 와라."

나와 아버지는 통화를 하면서 하나님의 예비하심에 감탄이 나왔다. 만약 내가 늦게 가지 않았다면 태국 팀들은 15일간 한국 음식을 먹을 수 없었을 것이다. 타지에서 한국 음식을 먹지 않고 지내는 것은 정말 힘든 일이다.

3일후 나는 반찬박스를 들고 태국으로 향했다. 먼저 태국에서 봉사활동을 하고 있던 팀원들이 맨발로 환호성을 지르며 뛰어 나왔다. 이렇게까지 나를 반겨주는 팀원들의 모습에 나는 감격했다. 그런데 이게 웬일인가! 나를 향해서 오던 발걸음이 모두 반찬박스로 향하는 것이 아닌가! 그들이 반긴 것은 내가 아니라 반찬박스였다.

"한국 반찬이 너무 그리웠어."

나는 늦게 합류한 것이 미안해서 도착한 다음날부터 열심히 일했다. 하지만 너무 과욕을 부렸는지, 일한지 3시간도 채 지나지 않아 열사병으로 쓰러졌다.

'이런 민폐가 있나!'

나무 그늘에 2~3시간 정도 누워있다 보니 괜찮아졌다. 선발대로 왔던 청년들은 웃으며 내게 다가와 한 마디씩 하고 갔다.

"우리도 한 번씩 다 쓰러졌어. 조금 쉬면 괜찮아질 거야."

나는 네팔 단기선교 1기, 태국 단기선교 1기, 말레이시아 4기, 진도 선교 1기 이렇게 4번의 선교를 아버지와 다녀왔다.

처음 네팔 단기선교는 억지로 끌려갔다왔지만, 그 계기로 내 신앙생활은 완전히 달라졌다. 네팔 선교 후 제자훈련을 하였고, G처치의 리더로 소그룹을 맡았다. 찬양팀과 청년부 임원으로 청년부를 섬겼다. 청년부 임원으로 섬길 때는 진도 선교 1기를 준비했다. 임원중에 1종 보통면허를 소지한 사람이 나밖에 없어서 하루 종일 20년이 넘은 12인승 봉고를 운전하면서 13개 교회에 식사와 간식을 배달하는 사역을 했다. 봉고는 오토가 아닌 스틱이었다. 지금 생각하면, '도대체 어떻게 했을까' 하는 일들이 감사하게도 부모님을 따라다니며 어려서부터 보고 배운 여름성경학교에서의 경험이 선교에서 정말 많은 도움이 되었다. 특별히 감사한 것은 아버지의 추진력과 어머니의 지혜를 물려받아서 선교에서 어려운 일이 있을 때마다 잘 이겨낼 수 있었다.

아버지와 함께 선교를 하는 것은 쉬운 일이 아니다. 다른 팀원보다 더 열심히 해야 하고, 더 많이 일해야 한다는 부담감이 크다. 그럼에도 불구하고 아버지와 함께 4번의 선교를 할 수 있었던 것은 그곳에서 보고 듣고 느끼는 살아계신 하나님의 은혜를 잊을 수 없었기 때문이다.

나에게는 선교지에서의 나름의 철칙이 있다. 선교지에서는 아버지는 아버지가 아니라 철저히 청년부장 장로님으로 대하는 것이다. 청년들이 아버지에게 다가가서 본인들의 이야기와 고민들도 이야기 했다. 청년들은 아버지를 장로님이라고 부르지 않고 아버지라고 불렀다. 그때는 아버지가 무릎인공관절 수술을 하시기 전이라 저녁만 되면 무릎에 심한 통증을 느끼셔서 진통제를 드시고는 했다. 아버지는 나에게 무릎 좀 주물러 달라고 하셨는데, 내가 가기도 전에 청년들이 먼저 나서서 아버지의 무릎과 어깨를 주물러주기도 했다. 나는 아버지 근처에 잘 있지 않았다. 경건회와 기도회 때도 아버지와 제일 먼 자리에 앉았다. 언젠가는 아버지가 나에게 오셔서 나의 이런 모습에 '서운하다'고 말씀하셨다.

"지혜야! 너는 어떻게 남보다도 아버지를 챙기지 않냐?"

나는 아버지께 말씀드렸다.

"아빠, 나는 누가 말하지 않아도 아버지 딸인 걸 다 알아!"

"내가 선교까지 와서 아버지 옆에 붙어있으면 다른 청년들이 아버지의 곁에 다가서기가 힘들지 않겠어."

아버지는 그제야 이해하시며 오해(?)를 푸셨다.

아버지가 한참 선교를 다니실 때, 아버지가 운영하시는 주유소에 7년간 소장으로 근무하던 사람이 아버지가 선교를 간 사이에 약 1,700만원의 돈을 거래처에서 몰래 수금해서 야반도주를 한 일이 있었다. 아버지는 7년간이나 믿고 지내던 사람에게서 받은 배신으로 많이 힘들어하셨다. 또 주유소를 믿고 맡겨놓고 선교를 다니셨는데, 이제는 어떻게 선교를 가야할지 고민을 하셨다. 어머니께로부터 아버지의 고민을 전해들은 나는 다니고 있었던 직장에 바로 사직서를 내고 주유소에서 근무하기로 결정했다.

"아빠! 내가 주유소 맡아서 열심히 할게. 아빠는 나 믿고 선교 열심히 해요."

그때부터 지금까지 16년간 아버지의 주유소를 도와드리고 있다.

진도 선교 후에는 결혼과 육아로 더 이상은 아버지와 함께 선교를 할 수 없었다. 대신 나는 매년 부모님을 많게는 몇 번씩 '보내는 선교사'라고 생각하면서 사업장을 지켰다. 매번 해외 선교는 부모님이 함께 하시기 때문에 자식의 마음으로 출발하면서부터 도착하실 때까지 늘 불안하고 걱정이 돼서 잠도 잘 못 잔다. 특히 어머니가 심장이 약하셔서 시술도 받으셨기 때문에 몇 날 며칠을 걸어서 들어가는 오지에 가실 때마다 늘 마음을 졸였다. 하지만 20년간 큰 사고 없이 무사히 선교를 다녀오시고, 다녀오셔서 받은 은혜를 나눠주시는 부모님을 진심으로 존경한다.

나에게는 두 딸이 있다. 올해 6학년이 된 하임(하나님의 임재하심), 4학년이 된 하윤(하나님이 윤택하게 하심)이다. 그 아이들도 말귀를 알아들으면서부터 매년 여름, 겨울로 선교의 간증들을 듣고 자랐다. 지금도 아이들은 용돈이 생기면 통장에 저금을 하면서 이야기한다.

"엄마, 이건 우간다에 선교하러 갈 때 아이들을 위해서 학용품 사 가지고 갈 거야."

큰 아이는 미국에서 학교에 다닐 때 반 아이들에게 우간다에 대한 PPT를 만들어서 학용품을 기증받으려고 담임 선생님과 교장 선생님께도 허락을 받았다. 하지만 아쉽게도 코로나가 터져서 학교에 등교할 수 없게되어 실행에 옮기지는 못했다. 지금도 아이들은 코로나가 빨리 끝나서 우간다에 가고 싶다고 자주 이야기한다. 이런 믿음의 유산을 나와 내 동생뿐만 아니라 나의 자녀들까지 물려주신 부모님께 감사드린다.

딸 지혜

아들 호원이가 바라본 아버지의 선교

처음 아버지가 네팔로 선교를 나가실 때를 기억한다.

나는 선교를 가신다는 말씀에 걱정이 앞섰다. 그때 아버지의 나이가 오십이 넘었는데, 외국 여행을 한 번 다녀오신 적이 없으셨고, 외국어를 능통하게 하시는 것도 아니었다. 사업도 하시는데, 보름 동안 사업장을 비우고 청년부 팀을 인솔해서 가야 했다. 인터넷을 통해 네팔 현지 상황을 찾아보니, 잇따른 내전으로 치안도 좋지 못한 상황이었다. 아버지에게 격려와 응원보다는 부정적인 생각을 했다.

"굳이 이 시기에, 하필 치안이 불안한 네팔로 가신다고 하시지?"

아버지가 네팔에 가 있는 동안에 처음 도착했을 때와 선교가 끝날 때쯤에야 연락이 가능했기 때문에 불안이 엄습하기도 했다.

'네팔에서 혹 무슨 일이 생기면 어떻게 하지?'

'한국에서 일이 생기면 어떻게 연락해야 하지?'

하지만 나의 불안과 걱정은 선교를 다녀오신 후, 아버지의 모습을 보며 기우였다는 생각이 들었다. 마치 제 2의 인생을 사시는 것처럼 보였다. 열정으로 가득 차서 다시 선교를 가고 싶다는 말씀을 하실 때는 20대의 청년처럼 꿈과 희망으로 가득해 보였다. 선교를 다녀와서 교회 일도 더 열심히 하셨고 하시는 사업도 더 번창했다. 아버지의 무모한(?) 첫 번째 선교여행은 나에게는 하나님을 믿는 것이 어떤 것인가를 알게 해줬다. 현실적으로 선교를 가야할 이유보다 가지 못할 이유가 더 많았지만, 믿음으로 하나님께 온전히 맡기고 내려놓았을 때 더 큰 것으로 채워주시는 것을 보면서 '아 저런 게 믿음이구나!' 하는 생각을 했다.

첫 선교 이후 아버지는 매년 여름과 겨울에 선교여행을 가셨다. 7, 8월에는 선교지에서 귀국하신 후 다음 날 짐 가방만 바꿔서 다른 나라에 선교를 나가실 정도로 열심히 다니셨다. 그리고 아버지뿐만 아니라 선교를 다녀온 청년들의 변화된 모습으로 인해 교회 청년부가 부흥하는 모습을 보며 나에게도 큰 도전이 되었다.

군 전역 후에 아버지와 처음으로 네팔로 선교를 갔다. 네팔 선교는 보통 매년 1월말 전후로 선교를 가는데, 이전 해 여름선교가 끝난 8월 말이나 9월 초에 선교팀원을 모집하고 곧바로 준비 단계로 들어간다. 팀원이 모이면 사역을 정하고 각자 임무를 맡는다. 나는 당시 교회 영상 팀에서 봉사를 하고 있어서 선교보고 때 쓸 영상을 촬영하고 편집하는 일을 맡았다. 맡은 사역 때문에 다른 팀원들보다 더 가까이에서 아버지가 선교팀 책임자로서의 역할을 하시는 것을 볼 수 있었다. 선교를 가기 전까지는 아버지에게서 '믿음'을 배웠다면, 단기선교에 동행하면서부터는 '리더십'을 배웠다.

팀원들 한 사람 한 사람을 세심하게 배려하는 모습은 내게 인상적이었다. 선교지 특성상 선교 계획을 수정하고 결정해야 하는 순간이 많은데, 현지 사역자들과 소통을 통해 선교팀에게 가장 좋은 방향으로 결정하시고 결정한 것을 이행하는 결단력이나 추진력 등을 배울 수 있었다. 지금도 아버지는 선교를 다녀온 많은 청년들과 연락하시고 안부를 주고받고 계신다.

단기선교를 다녀온 후 나에게도 큰 변화가 일어났다. 찬양과 기도를 더 열심히 하고, 소그룹 리더로 5여 명 정도와 주일예배 후에 하나님 말씀을 나누었었는데 소그룹이 부흥되어 15명으로 인원이 늘게 되어 담임목사님이 방문해서 칭찬을 해주시기도 했다. 소그룹 인원 중에도 내가 선교여행을 다녀오고 변화된 모습에 도전받아 7명 정도가 다음 번 선교에 지원했다.

20여 년간 아버지는 많은 선교지를 다니셨다. 이제는 같이 선교에 동참했던 청년들이 장년이 되었다. 다녀온 선교지에 하나님의 교회가 세워지고 고아원, 병원, 선교센터, 학교가 세워지는 모습을 보며 하나님께 영광을 돌린다. 바라기는 아버지가 하나님 곁으로 가실 때까지 건강하게 선교지를 누비시기를 기도한다.

아들 호원

단기선교 백서

안양제일교회 〈단기선교 백서〉에서 발췌

단기선교의 역사

선교는 예수님의 지상명령이다. 마태복음 28장 18~20절을 보면, 예수님께서 승천하시면서 마지막으로 지상에 남아 있는 성도들에게 선교를 명령하셨다. 이 명령 때문에 우리는 선교를 예수님이 승천하신 이후에 교회에서 시작된 일로 생각하기 쉽다. 그러나 선교의 역사는 하나님의 역사가 시작하면서 함께 시작했다. 예수님이 성육신하여 우리에게 오신 것이 가장 큰 선교의 사건일 것이다.

우리는 아브라함에게 주신 약속을 통해 하나님의 의지를 볼 수 있다. "땅의 모든 족속이 너를 인하여 복을 얻을 것이니라"(창 12:3)는 말씀에서 우리는 하나님의 계획을 볼 수 있다. 하나님의 목적은 은혜와 축복의 메시지가 이 땅의 모든 사람에게 임하는 것이다.

이 약속은 단순한 아브라함을 향한 것이 아니라 하나님의 선교의 의지를 선포하는 구절이다. 하나님께서는 애굽에 내린 재앙의 목적이 하나님의 이름이 온 천하에 전파되게 하려는 것이라고 말씀하신다(출 9:16). 하나님께서는 단지 이스라엘에게만 하나님의 이름을 알리고 구원을 주시려는 것이 아니다. 온 세계가 하나님의 이름을 알고 구원을 받게 하시려는 것이 하나님의 목적이다. 하나님께서는 계속 온 세상을 향한 선교를 계획하시고 실행하고 있다.

요나서를 보면, 하나님께서 요나를 통해 단기선교를 명하신다. 요나는 하나님이 명령을 실행하기 싫었지만, 하나님의 의지로 인해 삼일 길인 니느웨를 겨우 하루 동안만 다니며 하나님의 심판의 메시지를 선포한다(욘 3:4). 아마 메시지 선포도 대충했을 것이다. 그런데 그의 단기선교는 효과가 대단했다. 왕으로부터 시작하여 기르는 가축에 이르기까지 회개하며 하나님의 긍휼을 구하여 구원을 받았다. 성경은 단기선교를 통해 역사하신 하나님의 사역을 선명하게 그려주고 있다. 구약성경은 선교의 형태에 있어 단기선교를 지지하고 있다.

신약성경은 그야말로 선교의 역사다. 예수님의 생애가 그렇고, 사도들의 선교와 사도행전의 보고는 선교의 위대함을 보여준다. 그 중에 단기선교에 대한 놀라운 역사도 함께 기록되어 있다. 예수님은 제자들을 둘씩

짝지어 동네에 보내어 단기선교를 하게 하신다. 사도행전에 기록된 베드로의 고넬료 가정방문, 빌립의 에디오피아 내시를 만난 사건, 바울의 선교형태도 단기선교였다.

이후에 역사 속에서 선교의 역사는 계속된다. 그러던 중 19세기에 그 꽃을 피기 시작했다. 흔히 19세기를 '위대한 세기'라고 한다. 그 이유는 기독교 역사를 통틀어 어느 때보다 많은 수의 선교사가 배출됐고, 가장 협조적이고 조직적이며, 초인적인 노력을 기울여 세상 끝까지 복음을 전파했기 때문이다. 그 이후 교통과 통신 과학의 발달로 단기선교가 더 활발히 진행됐다.

1960년대 들어 본격적으로 단기선교에 대한 프로그램들이 개발되어 많은 선교 단체와 교회들이 활발한 선교를 진행했다. 우리나라는 1988년 올림픽 이후 여행 자율화와 선교한국 운동과 청년대학생 선교 운동들이 일어나면서 단기선교가 보편화되기 시작했다. 지금은 각 선교 단체와 교회들에 의해 단기선교가 활발히 진행되고 있다.

단기선교란
단기선교를 그 목적과 방법, 사역 내용에 따라 여러 유형으로 구분이 된다.

1) 직접적인 복음 전파

2) 전쟁, 내란, 자연재해 등 긴급한 구호가 필요한 지역에 피해 복구, 구호물품 지원들을 위해 합법적으로 입국하여 구호 활동을 하면서 자연스럽게 복음 전파의 기회로 삼는 봉사활동

3) 현지 선교사의 사역 지원

4) 선교 훈련

5) 정탐

6) 문화 체험과 비전 트립을 통해 선교지의 문화와 상황을 경험하며 자연스럽게 선교에 대한 관심과 이해를 높이는 것

7) 단기선교를 지원하기 위해 선교 현장의 종교적이며 영적으로 중요한 곳을 돌며 중보하는 단기선교

8) 교회 개척을 목표로 하는 단기선교

* 이 외에 여러 유형들이 있다. 그러나 단기선교의 이런 유형들은 시대와 현장에 따라 개발되고 보충, 퇴화되며 대체되는 생명력을 가지며 다양성과 연합성, 주도성, 포용성 등 매우 역동적인 특징을 가지고 있다.

단기선교의 중요성

단기선교는 그 창의성과 다양성으로 인해 선교에 관심이 있으나 장기 헌신이 불가능한 평신도들에게 하나님의 나라를 위해 봉사할 수 있는 기회를 제공한다. 또한 지역 교회가 선교 사명을 감당하는 효과적인 전략이며 다양한 은사를 가진 모든 그리스도인들이 다양한 형태로 하나님 나라의 확장에 참여하도록 유도할 수 있다. 참가하는 성도로 하여금 여러

가지 신앙적 유익함을 주기도 한다.

　단기선교팀은 누구든지 참여할 수 있는 선교 사역이므로 단기선교를 다녀온 성도들은 선교에 대한 은혜와 자신감을 갖게 된다. 또한, 성도들은 선교사들이 갖지 못한 전문적인 은사를 다양하게 가지고 있기 때문에 선교에 전문적이고 다양한 은사를 전략적으로 활용하면서 선교지에서 큰 효과를 거둘 수 있다.

　통계에 의하면, 단기선교를 통해 장기 선교사들이 배출 된다고 한다. 단기선교를 통해 선교의 소명을 받은 사람들이 장기 선교사로 헌신하여 선교의 역사를 계속 진행한다. 그리고 단기선교를 통해 교회에 선교의 비전과 관심을 심어줌으로 교회가 본질적으로 복음 사역을 잃지 않고 지속적인 사역을 가능케 한다.

　어떤 사람들은 단기선교를 '고비용 저효율'이라고 말한다. 표면적으로 보면, 틀린 말은 아니다. 다만, 단기선교팀이 뿌린 믿음의 씨앗으로 인해 현지 선교사가 이후에 거둘 수 있고, 꽉 닫혀있는 현지인들의 마음이 열린 것만으로도 현지 선교사가 수년간 할 일을 단기선교팀이 이루었다는 측면에서 광장한 효과를 예상할 수 있다. 단기선교에 참가한 성도는 자신의 가치를 복음 안에서 새롭게 발견하고 단기선교를 통해 자신의 상처가 치유되며 세계를 품은 그리스도인으로 거듭나게 되는 체험을 하게 된다. 단기선교를 통해 현지 선교사들은 위로를 받으며 사역에 큰 힘을 얻게 된다.

단기선교는 교회와 선교사 간의 간격을 줄여줌으로 선교 사역을 좀 더 효율적으로 바꾸어 준다. 그 외에 많은 단기선교의 중요성이 있다. 이와 같은 내용으로 볼 때 교회의 단기선교는 꼭 해야 할 사역이다.

단기선교 준비

1. 단기선교의 목적과 전략 세우기

단기선교의 목적이 정탐을 위한 것인지,

봉사를 위한 것인지,

현지 선교사의 사역을 돕는 것인지,

단순히 선교지를 둘러보고 오는 여행인지,

그 개념과 목적을 분명히 해야 한다.

만일 목적이 모호하게 되면, 단기선교는 방향을 잃고 헤매게 된다.

선교 목적에 따른 목표가 세워져야 한다.

그 목표를 달성하기 위해 다음은 전략을 세운다.

전략이란 목표를 가장 효과적으로 성취하기 위한 대략적인 계획이다.

이 전략에 따라 실천 방안으로서의 전술이 수립되고 수체적인 사역 계획이 세워져야 한다.

2. 선교팀원 선발

단기선교의 목적에 맞는 선발 기준이 마련되어야 한다. 지원한 모든 사람을 데리고 가는 것도 의의가 있지만, 그 목적에 맞게 사람을 선발하고 추천하는 기준을 마련하는 것이 중요하다. 단기선교팀을 선발하는 기준은 선교사로서의 자질을 점검하고 교회생활을 통해 보여준 적절한 믿음과 이상, 모범적의 삶의 여부, 개인적 은사, 타 문화에 대한 이해력 등은 기본적으로 점검해야 할 사항이다.

3. 선교지 출발 전 선교훈련

타문화권에서 영적 전쟁을 감수하여 복음을 전하고자 하는 목적으로 실시되는 단기선교에서는 철저한 훈련 과정이 필요하다.

첫째, 선교에 대한 바른 인식 정립 교육이다. 둘째, 현지 문화와 종교에 대한 충분한 교육이다. 그리고 선교지 정보, 사역에 대한 기본적인 안내 교육, 전도 훈련, 영적 전쟁 등에 대한 충분한 교육과 훈련이 필요하다. 현지 선교사들은 최소한 현지 문화에 대한 이해와 존중, 사역과 봉사 내용에 대한 훈련은 받고 올 것을 희망한다. 내가 살아온 문화와 이해만 가지고 선교지에 나간다면 선교가 아닌 여행으로 전락된다.

4. 현지사역

단기선교팀은 어떤 목적을 가지고 가든 현지 선교사를 도우러 가는 것이므로 선교사에게 부담을 주어서는 안 된다. 특히 현지인들을 직접 접촉하는 전도 활동을 할 때는 철저히 현지 선교사나 안내자의 지도를 받아야 한다. 단기선교는 현지인들의 필요를 채워주려는 욕구가 강하다. 그들의 필요를 채워주는 것은 바람직한 일이지만, 단기선교의 주된 목적은 복음을 전하고 나누는 것이지 구제가 아니다. 따라서 구제는 선교의 주체가 아닌 복음을 전하는 방법임을 분명히 알아야 한다. 또한, 현지 상황을 인식하지 않고 우리의 생각과 방법으로 선교를 하는 것은 지양해야 한다. 국내 선교에서는 성공한 사역이지만, 해외선교에서는 그렇지 못한 경우도 있다. 해외에서 뻥튀기를 만드는 기술, 붕어빵을 만드는 기술을 전수하는 것이 그런 예일 것이다.

단기선교지에서 선교팀이 갖는 실수 중에 하나가 우월하다는 생각이다. 그런 자세는 철저히 버려야 한다. 우월의식을 버리고 우리가 단지 하나님을 먼저 만나서 지금 선교지에 나와 있다고 생각해야 한다. 또 다른 하나는 한국 문화를 전수해주고 한국식 교회 문화를 전수하려는 것이다. 선교는 문화이식이 아니다. 각 나라와 상황에 맞는 현지 선교사님과의 소통을 통해 현장에 맞게 선교는 진행되어야 한다.

5. 단기선교 사역 후

첫째, 단기선교 후 다른 사람들과 선교 경험과 은혜를 나누어야 한다. 선교 보고 및 간증 등을 통해 교회 공동체와 은혜를 공유해야 한다. 이를 위해 선교 현지에서 활동하는 동안 사역활동을 기록해야 하며 단순한 전달보다는 중요한 교훈과 받은 은혜를 나누어야 한다. 이러한 선교 경험 공유는 교회에 선교의 불을 지피고 다른 선교 헌신자가 나오는 놀라운 역사를 일으킨다.

둘째, 선교지, 선교지에서 만난 사람들, 선교사님을 위해서 기도해야 한다. 비록 선교지를 떠났지만, 우리의 기도가 현지에서 지금도 헌신하시는 선교사님들에게 큰 힘이 된다. 선교사님들이 보내주시는 기도 제목과 같이 다녀온 선교팀과의 정기적인 기도 모임을 위해 힘써야 한다.

셋째, 선교사와 지속적으로 교제해야 한다. 단기선교를 통해 이루어진 그들과의 관계를 잘 유지하며 기도편지 등을 통해 선교팀이 뿌려놓은 믿음의 씨앗들이 잘 자라고 있는지 피드백을 받아야 한다. 이러한 교제는 선교사님과 함께 동행한 선교팀, 그리고 선교를 준비하는 다른 성도님들에게 밑거름이 된다.

내가 하나님의 선교에 동참할 수 있다는 것은 크나큰 은혜요, 축복이요, 특권이다.

추천의 글

2016년 8월, 안양제일교회 담임목사로 부임하여 얼마 안 되었을 때입니다. 교회 북카페를 가보니 아름다운 선교지 현지인들의 일상과 풍광을 담은 멋진 사진전이 열리고 있었습니다. 전문 사진작가에 가까운 수준급 사진들에 놀랐고, 이 사진들이 담고 있는 여러 선교지들을 장로님 한 분이 13년(2016년 기준) 동안 수 차례 직접 다녀왔다는 사실에 더욱 놀랐습니다.

목회자인 저도 적지 않게 선교지에 다녀왔습니다. 신대원 1학년이던 1989년 겨울, 일본으로 단기선교를 다녀온 것을 시작하여 일본은 10여 회, 중국도 10여 회 성경강의 및 선교 차 다녀왔고, 몽골, 캄보디아, 러시아, 키르기스스탄 등에 교회 성도들을 이끌고 선교하러 갔었습니다.

그러나 원 장로님은 18년 동안(2021년 현재) 선교지를 76회나 방문하셨으니 전문선교사를 제외하고 제가 알고 있는 크리스천 가운데 이렇게 선교에 헌신한 분을 지금껏 찾아볼 수 없습니다. 그 공로를 인정받아 작년 2020년 가을 총회장 명의의 선교 공로상도 수상하셨으니 참 대단하십니다.

장로님은 저보다 15살이 많으신데 체력이 참 좋으십니다. 사이클로 미시령을 넘었다는 이야기를 들으면 입이 벌어집니다. 하나님이 열심히 선교하라고 주신 건강이 아닐까 생각합니다. 추진력도 대단하셔서 반드시 해야 할 일이라면 어떻게 해서든 이뤄내십니다. 말레이시아에서는 헬리콥터를 동원하여 오지(奧地)에 들어갔다는 이야기를 들었습니다. 사나이다운 면모가 철철 넘치시지만 선교팀원으로 함께 간 청년들에게는 자상한 아버지로 친근하게 대하시는 것을 보았습니다. 청년들이 담임목사인 제가 옆에 있어도 저에게는 형식적으로 인사를 하는데, 장로님에게는 오랜 친구처럼 환하게 웃으며 인사를 나누는 것을 보면 좀 샘이 나기도 했습니다. 선교지에서 2주 이상 같이 살았기 때문에 생긴 전우애가 아닌가 싶습니다.

하지만 선교에 임하면 훈련 교관처럼 청년들을 철저히 훈련시킵니다. 선교지는 영적 전쟁터이기 때문에 그렇지요. 장로님은 청년들에게 전문선교사가 아니더라도 얼마든지 전문선교사만큼 복음에 대한 열정을 갖고 선교에 헌신할 수 있음을 보여주셨습니다. 참 귀한 일입니다. 앞으로도 지금까지 그랬던 것처럼 선교에 미쳐 살아가실 것이 분명합니다.

코로나가 전세계를 마비시킨 지금은 선교지에 갈 수 없어 영상으로 선교지 사람들을 만날 수밖에 없지만, 우리가 다시 복음과 사랑을 들고 소중한 땀방울을 흘리게 될 그 날이 올 것이라 믿습니다. 장로님의 귀한 저서 「왜 이제야 오셨나요?」가 출간된 것을 다시 한 번 축하드립니다.

최원준 목사(안양제일교회 위임목사)

원덕길 장로님은 18년을 오지 선교에 열정을 쏟은 선교사 중의 한 분입니다. 뒤늦은 나이에 하나님의 임재 가운데 오지를 누비며 하나님의 복음을 전하는 것은 매우 힘들고 어렵습니다. 사실 선교사의 사명은 하나님의 특별한 부르심 없이는 감당하기가 벅찹니다. 그것도 한 교회의 선임장로로서의 역할과 한 가정을 돌보는 가장으로서의 책임과 의무는 그의 어깨를 더욱 더 무겁게 합니다. 그럼에도 불구하고 원 장로님은 하나님이 주신 선교 사명을 묵묵히 수행함으로써 하나님 나라를 세우는 데 노력하는 모습은 모든 선교사들의 귀감이 아닐까 생각합니다.

또한 선교 단체도 없이 국내외의 볼모지에서 자비량으로 교회를 5개나 세운다는 것 자체가 상상이나 될까 싶습니다. 원 장로님의 선교사역은 모친의 큰 영향으로 시작했다고 해도 과언이 아닙니다. 모친께서는 69세의 노령에도 불구하고 중국선교를 10여 년을 하셨습니다. 원 장로님은 모친의 헌신을 보면서 그 또한 수많은 역경과 고통 속에서도 하나님의 약속을 믿고 바울의 전도 여행을 지금까지 하고 있습니다.

원 장로님께서 이번에 출간한 책「왜 이제야 오셨나요?」는 "나의 자랑이 아니다. 나의 기도이고, 감사이며, 눈물이다"라고 본인이 고백한 것처럼 오지의 선교지에서 하나님과 함께했던 수많은 아름다운 이야기였기 때문에 본서를 출간했을 것이라 생각합니다.

이런 점에서 이 책은 다음세대의 목회자들이 선교현장에서 겪어야 할 일들에 대한 미래지향적 고민을 쉽게 해결할 수 있는 신앙적 해결책이 될 것이라 생각합니다. 따라서 이 책이 한국교회 목회자들과 평신도 사역자, 신학생, 선교사들에게 널리 전해지길 간절히 바랍니다.

안주훈 총장(서울장신대학교 총장)

⌒⌒♡⌒⌒

원덕길 장로님은 교회는 선교를 위해 존재하고, 선교 땅 끝까지 이르러 주님의 증인이 되어 모든 민족을 구원에 이르기를 원하시는 주님의 지상명령이며 그리스도의 부르심을 받은 이들이 수행해야 할 최고의 사명이라고 말하셨습니다. 또한 선교는 장로님 자신이 지켜야 할 주님의 명령이라는 사명감이라며 전적으로 선교에 헌신하고 계십니다.

원덕길 장로님은 하나님께 약속드린 대로 시간의 십일조를 선교지에서 보내며, 18년 동안 76회 선교지를 방문하고, 자비로 5개의 교회를 세우셨습니다. 특히 미래의 선교사요, 선교동역자로 활동할 청년들을 기도와 말씀으로, 그리고 자신의 삶으로 철저히 훈련시켜 한국교회의 선교 역량을 한층 강화시켰습니다. 이러한 그의 사역을 높이 평가하여 2020년에는 해외 선교사 지원에 힘쓴 공로로 평신도로서는 유일하게 총회장 명의의 선교 공로상을 받았습니다. "왜 이제야 오셨나요?" 네팔 쏠라방 지역의 저녁 집회 후에 질책하듯이 던진 네팔의 40대 중반 한 여인의 말에 도전을 받고 열정적으로 선교에 헌신한 장로님의 아름다운 복음의 발자취를 기록한 이 책은 원덕길 장로님의 간증이자 선교 보고서로, 이 책을 대하는 우리 모두에게 깊은 감동을 줍니다.

이 책은 장로님의 소망대로 모든 사람들에게 선교에 대한 새로운 도전을 주어, 복음이 전해지지 않은 세계 곳곳에, 그리고 땅 끝까지 복음이 심겨지게 될 것이며 선교사로 헌신한 분들에게도 큰 도움이 될 것입니다.

다시 한 번 주님의 사랑에 감동하여 평생을 주님을 위해 헌신하신 원덕길 장로님의 간증이자 선교 보고서인 「왜 이제야 오셨나요?」의 출간을 진심으로 축하드립니다.

최흥진 총장(호남신학대학교 총장)

몇 해 전 키르기스스탄성서공회에서 한러 대조 신약성경의 출간 및 기증을 요청했습니다. 중앙아시아 지역에 있는 고려인들이 한국어 성경을 읽으면서 자신들의 정체성을 유지할 수 있도록 선교하기 위함이었습니다. 또 한국어를 공부하고자 하는 그곳 사람들에게 선교하기 위함이었습니다. 이 성경의 출판을 위해서 안양제일교회에서 제일 먼저 헌금에 동참해 주셨고, 금년 초에 이 대조 성경이 출간되었습니다. 중앙아시아의 키르기스스탄, 우즈베키스탄, 카자흐스탄과 러시아로 이 성경을 보내기 전에, 헌금해 주신 안양제일교회 최원준 위임목사님과 성도들과 함께 2월 23일에 대한성서공회 로스기념관에서 기증식을 갖기로 하였습니다. 최 목사님은 선교에 대단한 열정이 있는 장로님 한 분을 기증식 때 모시고 오겠다고 하셨습니다. 그 자리에서 원덕길 장로님을 처음 뵈었습니다. 원 장로님께서는 선교 현장에서의 성경 보급의 중요성을 공감하시면서, 한 주 후에 안양노회 사무실에서 모일 임원회에서 성경 후원에 대하여 보고하고 안내할 기회를 주겠다고 하셨습니다.

아프리카 기니는 전 국민의 80%가 무슬림입니다. 수가 적은 기독교인들은 차별과 핍박 속에서 가난하게 살면서 성경을 구하는 데 어려움을 겪고 있습니다. 최근에는 코로나 팬데믹에 더하여 에볼라까지 유행하여 어려움이 더 커졌습니다. 그곳에 성경을 후원하여 보내면 기독교인들에게 용기를 줄 수 있고, 또한 복음을 전하는 데 유용할 것이라고 안내 말씀을 드렸습니다. 임원회에서는 각 교회를 통하여 성경 후원 헌금을 모았고, 4월 27일 안양제일교회에서 열린 제74회 정기노회에서 그 후원금을 본 공회에 전해 주셨습니다. 안양노회 후원으로 기니에 불어 성경 3,480부를 보낼 수 있었고, 6월 22일에 기증 예식을 가졌습니다.

최초의 한글 성경 번역자 존 로스 선교사의 업적을 기려 세운 성서공회

로스기념관 입구에는, 〈해외 성서 보급 특별 후원자〉들이 교회나 단체나 기관 개인 등의 이름으로 게시되어 있습니다. 안양노회는 한국교회 교단을 초월해서 첫 번째 노회로 〈해외 성서 보급 특별 후원자〉로 이름을 올렸습니다. 이렇게 4개월여 만에 기니 성경 후원이 가능하게 된 것은 원덕길 장로님의 선교에 대한 열정과 추진력과 리더십에 힘입은 바가 큽니다.

안양제일교회의 단기선교 사역은 네팔에서 시작하여 말레이시아, 우간다, 남수단, 브라질, 태국, 그리고 국내 선교에 이르기까지 17년 동안 이루어졌습니다. 이 단기선교 사역에 참여하신 원덕길 장로님은 "네팔 선교는 안일한 신앙생활과 선교의 열정을 바꾸어 놓았다"라고 하십니다. "오지에서 하나님께 회개하고 하나님과 약속한 것을 지키려고 노력한다. 선교지에서 하나님과 약속한 교회 건축을 지금까지 진행하고 있다." "물질의 십일조, 시간의 십일조를 선교에 힘쓰고 있다. 교인들조차 (나를) 선교에 미쳤다고 한다." 성경에서도 '미쳤다'는 말을 듣는 사도가 있거니와, 장로님은 이처럼 선교에 대한 열정을, 자신을 드리며 선교팀을 이끄는 원동력으로 삼으셨습니다.

개신교 선교의 아버지로 불리는 윌리엄 캐리는 "하나님으로부터 위대한 일을 기대하고, 하나님을 위하여 위대한 일을 계획하라!"(Expect great things from God. Attempt great things for God)는 말로 유명합니다. 장로님은 하나님으로부터 일어날 일을 기대하셨고, 또 믿음을 바탕으로 선교 사역을 열정적으로 계획하시고 추진하신 분이셨습니다. 이번에 출판하시는 「왜 이제야 오셨나요?」가 선교에 참여하면서 선교적 삶을 살고자 하는 모든 교회 모든 이들에게 좋은 본보기가 되고 좋은 도전이 되기를 간절히 바랍니다.

호재민 목사(대한성서공회 총무)

⟨∽♡∽⟩

원덕길 장로님을 만난 것은 저의 인생과 선교 사역에서 큰 은혜이며 축복입니다. 처음 우간다에 단기선교팀을 인솔해서 오신다고 저와 통화할 때를 저는 지금도 생생하게 기억합니다. 장로님은 몇 명이 언제 오는데 계획을 세워달라고 말씀하셨습니다. 저는 어느 게스트하우스를 준비하면 좋을지 물었습니다. 그때 장로님의 일성(一聲)은 제게 큰 충격이었습니다.

"선교사님, 우리는 절대 게스트하우스에서 안 자요. 그냥 교회나 교실 바닥에서 잘 거예요. 그리고 가장 깊은 오지를 사역하도록 계획을 세워주세요."

그 이후로 10년을 해마다 20여 명을 인솔해서 우간다와 남수단을 오셨습니다. 처음의 그 마음과 정신을 조금도 흐트러지지 않으셨고, 오실 때마다 늘 새롭게 각성하며 헌신하셨습니다. 때로는 팀원들이 선교 자세와 정신이 조금이라도 흐트러지면 큰 호통을 치셨고, 마음이 약해서서 다시 힘내도록 달려주시고 용기를 북돋아 주셨습니다. 사역하면서 진흙탕에 빠지고, 물이 없어 힘들고, 깜깜한 밤에 모기에 물릴까 늘 노심초사하셨습니다. 먹을 것과 과일을 하나라도 더 먹어서 힘이 빠지지 않게 하시려고 직접 차를 몰고 장터를 찾아다니셨습니다. 늘 앞장서서 수고와 땀으로 우리를 섬기시며 이끌어주셨습니다.

안양제일교회 단기선교팀이 올 때마다 저는 마치 한국교회에서 여름수련회를 참석하는 것처럼 설레며 기대에 가득 찬 마음으로 준비하며 동참했습니다. 기대보다 늘 더 큰 은혜와 감격 속에 사역을 마쳤습니다. 마지막 날, 다 같이 은혜를 나누며 평가할 때마다 주체 못 하는 눈물 속에 받은 은혜를 간증하곤 했습니다. 많은 청년들이 단기선교팀의 사역을 통해서 예수님을 뜨겁게 만나고 새롭게 인생이 변화되는 모습을 보았습니다. 우간다에서 사역하니 외부에서 찾아오는 팀이 거의 없는데, 매년 찾아 주시는 안양제일교회의 단기선교팀이 나에게는 솟아나는 생수와 같고 은혜의 강물과 같은 시간들이었습니다.

이제 장로님께서 달려갈 길을 잘 마치시고, 주님께서 귀하고 빛나는 면류관을 예비 하셨으리라 믿습니다. 진심으로 장로님의 노고와 헌신과 사랑에 감사드리고, 함께 동역했던 모든 팀원들에게도 깊은 감사를 드립니다. 이 책은 주님과 함께하신 아름다운 발자취를 되새기며 주님께 영광을 돌리는 것입니다.

김종우 선교사(우간다 선교사)

원덕길 장로님과 함께 교제해 온 지난 20여 년의 시간을 돌아보면 참 많은 선교지를 다니셨습니다. 원 장로님은 보르네오의 깊은 정글에서부터 아프리카 우간다, 그리고 세계의 지붕 히말라야 네팔과 아마존 등 어렵고 힘든 지역에서 홀로 사투를 벌이는 선교사들을 돕고자 누구보다 많이 앞장서서 현장으로 향하셨습니다. 선교 현장에서 하나님의 나라를 세우는데 한마음과 한뜻으로 섬기셨던 원덕길 장로님께서 이번 자서전 집필을 진심으로 응원하며 축하드립니다.

원 장로님은 안양제일교회 선교부 담당 장로로 임명을 받고 전 세계에서 가장 오지로 여겨지던 곳에서 사역하는 선교사들을 돕기 위해 몸소 현장을 찾아다니며 함께 해 주셨습니다. 제가 있는 보르네오 사역지의 경우에 사륜구동차로 비포장도로를 8시간, 강줄기를 카누로 10시간 이상 타고 올라간 후, 험한 정글 길을 5~6시간을 도보로 걸어가야 하는 곳입니다. 그럼에도 불구하고 환갑의 나이부터 칠순이 다 되어가는 얼마 전까지 청년들과 함께 해마다 오셔서 복음 전하기를 쉬지 않으셨습니다. 이를 통해 그 마을 전체가 집단 개종이 이루어지는 놀라운 일도 일어났습니다. 바로 이러한 장로님의 헌신과 결단이 이방 종족을 향한 하나님 구원의 은혜와 역사를 일으키는 귀한 도구로 사용됐다고 생각합니다.

무엇보다 원 장로님은 영혼 구원에 대한 뜨거운 열망과 헌신적인 기도의 사람, 그리고 다음 세대인 청년들을 향한 깊은 사랑을 가진 분이십니다. 몇 해 전 양쪽 무릎의 인공관절 수술을 한꺼번에 하시고 한 달여밖에 지나지 않으셨음에도 불구하고 또 복음의 오지를 향해 기꺼이 나섰던 장로님의 선교를 향한 맹목적 일사 각오는 저에게도 큰 도전을 주었습니다. 더불어 현장에서 단기선교팀들과 함께 어디를 가든지 무엇을 하든지 선교팀의 첫 번째 목표는 영혼 구원이기에 기도하기를 쉬지 않으셨습니다. 겉으로는 투박한 것 같지만 선교지와 선교사, 함께 동역하는 청년들 한 사람 한 사람에게 매 순간 츤데레의 매력이 넘치시는 분이십니다.

주 안에서 원덕길 장로님과의 귀한 만남을 허락하여 주신 주님의 은혜에 감사드립니다. 하나님의 선교를 통하여 선교지가 전 세계로 확장될 때마다 하나님께서 원 장로님의 수고와 헌신, 눈물의 기도를 반드시 기억하고 계실 것임을 믿어 의심치 않습니다.

채법관 선교사(M국 씨니어 선교사, 가나안 농군학교 교장)

저는 신대원을 마치고 2004년 12월 안양제일교회 청년부 공동체의 준전임 전도사로 사역을 시작했습니다. 안양제일교회와 청년부서는 저를 사역자로 설 수 있도록 가장 크게 영향을 미친 곳입니다. 이곳에서 청년부 부장으로 섬기고 있던 원덕길 장로님을 만났습니다. 처음 만났을 때 거대한 풍채와 장비 같은 얼굴에 다가가기 어려웠습니다. 장로님은 선교하면서 하나님을 다시금 더 뜨겁게 만나고, 남은 인생을 선교의 삶을 살고 싶다는 고백을 지금도 잊을 수 없습니다.

장로님은 청년들에게 가까이 다가서고자 애쓰면서도, 막상 지원하고 응원할 때는 멀찍이 바라보셨습니다. 지원하실 때는 적극적이고 풍성하게 일하셨던 모습이 눈에 선합니다. 또한 전도사의 부족한 형편을 아시고, 배려해 주시며 신경 써주신 사랑은 50살이 되어가는 네팔 선교사에게 여전히 따뜻하게 남아 있습니다.

지금 저는 네팔 땅에 있기에 장로님이 계시는 한국과는 수많은 거리를 두고 있습니다. 하지만, 지나간 18년의 선교들로 이어져 있는 것 같습니다. 국내 청년 단기선교들, 2005년 태국 쓰나미 구호 단기선교, 2007년 청년부 네팔 단기선교, 장기 선교사로 네팔에 온 2009년 이후 수많은 네팔 단기선교 등, 잊을 수 없는 기억들로 채워져 있습니다.

한번은 장로님이 힘들어서 다시는 못 올 것 같다며 한국으로 가셨습니다. 그런데, 다음 해에 단기 팀과 함께 오셨습니다. 그 이후로도 한국으로 돌아가시면서 이제는 정말 못 올 것 같다고 하셨지만, 또 오셨습니다. 이렇게 몇 번 말씀하신 것이 기억에 남습니다.

"단기선교가 힘들어서 다음에는 못 오겠다 생각이 들지만, 선교지 현지인들에게 복음을 전하면서 하나님을 경험하는 시간이 또 그리워져서 다시 오게 됩니다."

　장로님께서 하신 말씀입니다. 또 청년들에게는 "선교지에서만이 아니라, 삶의 현장인 한국에서도 믿음으로 살자"고 하시는 말씀을 몇 번이나 들었습니다.

　예수 그리스도 안에 있는 영원한 생명, 그 풍성한 은혜를 청년들과 함께 전할 때면 우리는 함께였습니다. 마치 비바람 가운데 사명을 이루고야 말겠다는 전장의 전우같이 말입니다. 장로님과는 "선교" 공동체에서 만나서, "선교"를 하면서, 지금은 삶 속에서 "선교사"로 살아가고 있습니다.

　시간이 지나면서 장로님이 산을 오를 때의 속도가 매해 느려지고 있습니다. 청년들보다 빨리 네팔 산을 올랐지만, 이제는 앞질러가는 청년들에게 쉬어가자고 말씀하십니다. 하지만 18년이 지난 지금까지 변하지 않는 것이 있습니다. 그것은 "선교"입니다. 살아계셔서 역사하시는 하나님, 죽음을 이기시고 부활하신 우리 주님, 지금도 보잘것없는 우리 안에 머물기를 꺼리지 않으시는 성령 하나님, 이 삼위일체 하나님의 선교를 위해서 장로님은 멈추지 않으실 것 같습니다.

　이 책을 통해서 독자들은 한 사람의 위대함이 아닌, 살아계신 하나님의 위대함 앞에 서게 될 것입니다. 멈추지 않는 집념의 한 사람이 아닌, 멈출 수 없도록 감동을 주시는 하나님을 만나게 될 것입니다. 그리고 "힘내야 산다"고 두 주먹 불끈 쥐는 자신이 아닌, 능력 주시는 하나님 안에서 안전한 독자 자신을 발견하게 될 것입니다.

그것을 기대하면서 이 책을 적극 추천합니다.

이원일 선교사(네팔 카트만두 선교사)